AF325771

NOTICES

BIOGRAPHIQUES

SUR LES MÉDAILLONS

DE LA NOUVELLE ÉCOLE SUPÉRIEURE

DE PHARMACIE DE PARIS

PAR

EDMOND DUPUY

Pharmacien de 1re classe, Ancien interne des hôpitaux de Paris,
Président de la Société de Pharmacie de la Charente,
Membre du Conseil d'hygiène,
Inspecteur des pharmacies de l'arrondissement de Cognac, Avocat

PARIS

ADRIEN DELAHAYE ET ÉMILE LECROSNIER, ÉDITEURS

23, place de l'École-de-Médecine, 23

1881

NOTICES

BIOGRAPHIQUES

SUR LES MÉDAILLONS

DE LA NOUVELLE ÉCOLE SUPÉRIEURE

DE PHARMACIE DE PARIS

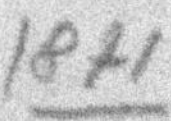

NOTICES
BIOGRAPHIQUES

SUR LES MÉDAILLONS

DE LA NOUVELLE ÉCOLE SUPÉRIEURE

DE PHARMACIE DE PARIS

PAR

EDMOND DUPUY

Pharmacien de 1re classe, Ancien interne des hôpitaux de Paris,
Président de la Société de Pharmacie de la Charente,
Membre du Conseil d'hygiène,
Inspecteur des pharmacies de l'arrondissement de Cognac, Avocat.

PARIS

ADRIEN DELAHAYE ET ÉMILE LECROSNIER, ÉDITEURS

23, place de l'École-de-Médecine, 23

—

1881

A

Monsieur A. CHATIN

MEMBRE DE L'INSTITUT,
DIRECTEUR DE L'ÉCOLE SUPÉRIEURE DE PHARMACIE DE PARIS,
MEMBRE DE L'ACADÉMIE DE MÉDECINE
ET DU CONSEIL SUPÉRIEUR DE L'INSTRUCTION PUBLIQUE, ETC., ETC.
OFFICIER DE LA LÉGION D'HONNEUR.

MONSIEUR ET TRÈS HONORÉ MAITRE,

C'est à vous, dont le nom est déjà inscrit par l'histoire à côté de ceux qui ont le plus contribué aux progrès des sciences et à la gloire de la pharmacie, que je dédie ce livre, comme une marque de respectueuse gratitude, pour l'honneur que vous m'avez fait, en me confiant le soin de retracer la vie des hommes qui ont illustré notre profession.

Ed. DUPUY.

NOTICES BIOGRAPHIQUES

SUR LES MÉDAILLONS DE LA NOUVELLE ÉCOLE SUPÉRIEURE
DE PHARMACIE DE PARIS.

L'administration de l'École supérieure de pharmacie de Paris, pour exciter l'émulation des élèves
et appeler leur reconnaissance sur la mémoire des
hommes dont l'application et le génie ont préparé
la carrière qu'ils se disposent à parcourir, a eu l'intelligente pensée de faire reproduire, soit dans la
cour d'honneur, soit sur les murs de la nouvelle
École, les traits des savants qui ont illustré la pharmacie aux différentes périodes de son histoire.

Nous avons voulu, comme le statuaire, rendre
un solennel hommage au génie de tous ces grands
hommes, en publiant leurs titres et leurs services ;
heureux si nous avons pu, par ces modestes biographies, aider l'École à réaliser cette fiction de la
poésie antique rappelée par Bacon : « A l'extrémité du fil qui représente la vie de chaque morte

est suspendue une médaille qui porte son nom. Au moment de sa mort, le temps détache ces médailles et les jette dans le fleuve de l'oubli. Mais autour du fleuve voltigent quelques cygnes qui rassemblent les noms qui flottent à la surface, les saisissent et les portent à l'immortalité. »

Légende explicative.

—

Nᵒˢ des statues et médaillons	NOMS.	PAGES.
1	Vauquelin	5
2	Parmentier.....	8
3	Balard........	12
4	Caventou......	15
5	Pelletier......	17
6	Robiquet.	18
7	Duméril.......	21
8	Brongniart....	23
9	Scheele.......	25
10	Bayen.........	29
11	Macquer......	31
12	Rouelle.......	34
13	Geoffroy......	39
14	Seba.........	41
15	Le Daule......	43
16	Charas........	45
17	Newton.......	49
18	Lémery.......	54
19	Boulduc......	59

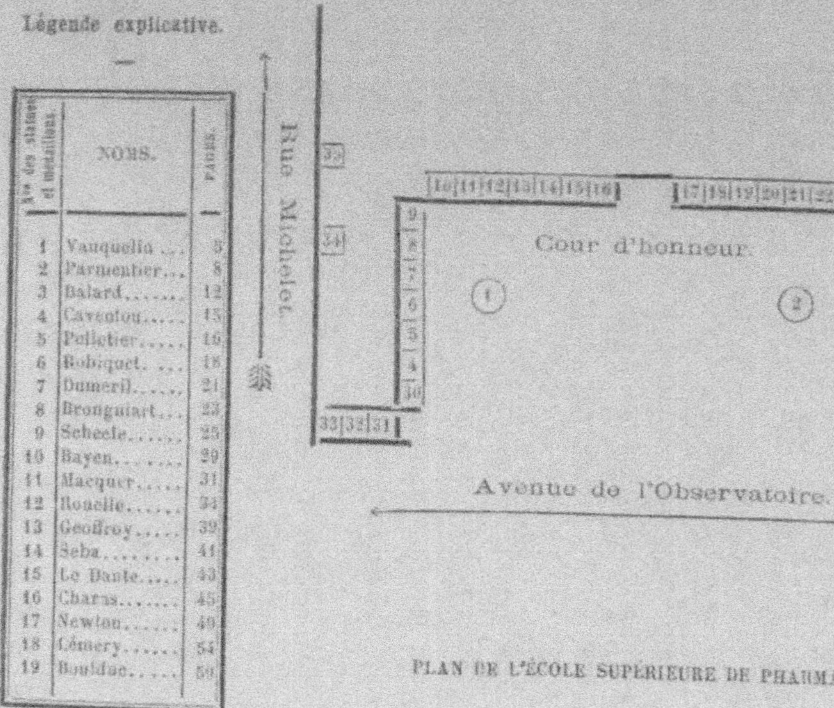

Légende explicative.

—

Nᵒˢ des statues (t médaillons	NOMS.	PAGES.
20	Baumé.........	60
21	Lavoisier......	62
22	Berthollet.....	67
23	Chaptal.......	70
24	Laugier.......	73
25	Sérullas......	74
26	Thénard......	76
27	Guibourt......	81
28	Valenciennes.	83
29	Liebig........	86
30	Gerhardt......	89
31	Pelouze......	91
32	Sir H. Davy..	95
33	de Jussieu....	98
34	Fourcroy.....	101
35	Houel........	105
36	Swammerdam	108
37	Bernard (Cl.).	110
38	Dumas........	115

STATUE DE VAUQUELIN

Vauquelin (Louis-Nicolas), illustre chimiste, membre de l'Académie des sciences, directeur de l'École de pharmacie depuis sa fondation en 1803, jusqu'à sa mort, professeur à l'École des mines, à l'École polytechnique, à la Faculté de médecine et au Muséum d'histoire naturelle, chef du bureau des garanties des matières d'or et d'argent à la Monnaie de Paris, né le 16 mai 1763 à Saint-André d'Hébertot (Calvados), mort en 1829 à Paris.

Parti des derniers rangs de la société, Vauquelin entra comme garçon de laboratoire chez un pharmacien de Rouen, et là il puisa cette ardeur pour la chimie qui le conduisit plus tard aux honneurs et à la fortune. Venu à Paris avec 6 francs pour tout bien, il fut élève en pharmacie chez M. Chéradame qui, ayant reconnu son intelligence et ses remarquables aptitudes, le recommanda à son parent Fourcroy. Accueilli dans le laboratoire de ce savant aux appointements modestes de 300 fr. par an, la table et le logement, Vauquelin travailla à la chimie avec une persévérance incroyable, et, dirigé par Fourcroy, il acquit une telle habileté et un tel savoir qu'il devint par degrés, l'aide, l'élève, le compagnon assidu et l'ami de son maître qui l'associa à ses recherches, lui confia les répétitions de ses cours, et l'aida à conquérir les hautes situations dans lesquelles il a laissé de si honorables souvenirs, et dont il s'était rendu digne par son mérite et ses nombreux travaux.

Vauquelin n'a publié que le *Manuel de l'essayeur* (1812, in 8°); mais il doit sa haute réputation à ses belles découvertes, parmi lesquelles nous citerons celle du chrome et de la glucine; aux magnifiques analyses qu'il a faites soit de concert avec Fourcroy, soit en particulier; à ses expériences publiques et aux nombreux mémoires qu'il a lus à l'Académie ou qu'il a publiés sur toutes les branches de la science, et qui ont été insérés dans les *Annales de Chimie*, dans le *Journal des mines*, dans les *Annales du Muséum*, dans le *Journal de physique*, et l'*Encyclopédie méthodique*. Voici les titres des mémoires les plus remarquables: 1° Sur la nature de l'alun. — 2° Sur la nouvelle substance contenue dans le plomb rouge de Sibérie (chrome). — 3° Notice sur la terre de Brésil. — 4° Sur l'urine. — 5° Sur l'eau de l'amnios des femmes et des vaches. — 6° Sur le verre d'antimoine. — 7° Sur la présence d'un nouveau sel phosphorique dans les os des animaux. — 8° Analyse de la matière cérébrale de l'homme et de quelques animaux, etc. — 9° Examen chimique de la casse, du tamarin, de la belladone, du quinquina, de diverses soudes, de divers daphnés, de plusieurs solanums, de l'ipécacuanha, etc., etc. — 10° Examen chimique des minéraux, etc., etc.

L'éloge du savant dont nous venons de retracer la vie et les travaux a été fait dans le beau panégyrique que nous allons rapporter, et qui fut adressé en 1864

au monde scientifique par les illustres membres du
comité pour l'érection, à Paris, d'une statue à Vauquelin : MM. Dumas, président ; Boullay, Challes,
Frémy, Pelouze, vice-présidents ; — Ad. Brongniart,
A. Husson, Bussy, de Monny, de Mornay, administra-
teurs ; — Elie de Beaumont, Payen, secrétaires généraux ; — Ad. Chatin, A. Chevalier, secrétaires ordinaires ; — Guibourt, trésorier ; — Bouchardat, F. Boudet, Boutron, Lecanu, Caventou, Dorvault, Dubrun-
faut, Duchartre, Cam. Kœchlin, Kulmann, Milne-
Edwards, Poggiale, Robinet, Valenciennes, Wurtz.

« Vauquelin peut être compté parmi les chefs d'école ;
« ses recherches d'analyse immédiate ouvrirent en
« effet la voie à Pelletier, Caventou, Robiquet, Bra-
« connot et à tant d'autres qui nous ont mieux fait
« connaître les principes des végétaux et des animaux.
« Aucun savant de son temps n'a mieux servi la science
« par ses travaux, par les chimistes qu'il a formés, par
« la direction qu'il a imprimée aux recherches ana-
« lytiques, tant en minéralogie que dans les règnes
« organiques ; ont fait plus pour la fortune publique
« par la rigueur qu'il a introduite dans l'essai des
« métaux précieux, par ses découvertes devenues la
« richesse de l'industrie, spécialement par celle du
« chrome, métal dont les composés fournissent à la
« peinture des couleurs si riches et si variées.

« Aussi, répondant à un sentiment de reconnais-
« sance publique, d'admiration pour l'homme qui
« resta si admirablement simple dans son illustration,
« et sûre d'être l'interprète de votre pensée, une
« commission s'est-elle organisée pour rendre, par
« l'érection d'une statue de bronze, un hommage
« mérité au grand chimiste qui a rendu des services
« si éminents aux sciences et à l'industrie. »

N° 2.

STATUE DE PARMENTIER

Parmentier (Antoine-Augustin) célèbre agronome, savant devenu populaire par l'introduction de la pomme de terre en France, pharmacien en chef de l'hôtel des Invalides, membre de l'Institut, président du conseil de santé, inspecteur général du service de santé de l'armée, administrateur des hospices, né à Montdidier en 1737, mort à Paris le 17 décembre 1813.

Après avoir reçu une très modeste instruction, Parmentier entra en 1755 chez un apothicaire de Montpellier, et, l'année suivante, chez un de ses parents qui exerçait à Paris la même profession. En 1757, il fut pourvu d'une commission dans les hôpitaux de l'armée de Hanovre, et parvint rapidement au grade de pharmacien en second, grâce à son intelligence et à son activité remarquées par ses chefs, le pharmacien Bayen et l'intendant Chamousset. Il donna, pendant la guerre et dans une épidémie qui ravagea l'armée, les preuves du plus grand courage et du plus grand dévouement. Fait prisonnier cinq fois, il profita de sa captivité pour étudier la chimie sous les yeux de

Meyer, célèbre pharmacien de Francfort. Il eût pu devenir le gendre et le successeur de ce pharmacien ; mais, ne voulant pas renoncer à son pays, il revint à Paris en 1763, suivit assidument les cours de Nollet, de Rouelle, de de Jussieu, et concourut avec succès, en 1766, pour la place d'apothicaire-adjoint à l'hôtel des Invalides, dont il devint apothicaire en chef en 1772.

C'est pendant son séjour à l'hôtel des Invalides, que Parmentier commença et poursuivit avec une rare persévérance ses études sur les substances alimentaires.

En 1771, l'Académie de Besançon ayant proposé pour sujet de prix, l'indication des substances alimentaires qui pourraient atténuer les calamités d'une disette, Parmentier établit, dans un mémoire qui fut couronné, qu'il était facile d'extraire de l'amidon d'un grand nombre de plantes, un principe nutritif plus ou moins abondant. Mais l'utilité bornée de ces végétaux l'occupa peu de temps, et il porta toute son attention sur la propagation de la pomme de terre.

La pomme de terre, transplantée du Pérou en Europe, dès le quinzième siècle, cultivée en grand dans le seizième, et introduite en France par les Anglais, pendant nos longues guerres de Flandre, avait été multipliée avec succès dans nos provinces méridionales ; et Turgot en avait étendu la culture dans le Limousin et dans l'Anjou. Accusée d'engendrer la lèpre, et plus tard de devenir la cause de fièvres nombreuses, la pomme de terre n'était employée en France que pour la nourriture des bestiaux. Parmentier consacra sa vie à dissiper les préventions aveugles dirigées contre ce précieux aliment ; et dans un *Examen chimique de la pomme de terre* qu'il publia

en 1778, il démontra que l'homme pouvait trouver un
aliment délicat dans la fécule de cette racine ; il établit avec la même évidence que l'accusation d'appau-
vrir le terrain, portée contre cette plante, n'avait pas
le moindre fondement, qu'au contraire elle croissait
dans les terrains les plus ingrats, et promettait des
résultats abondants et assurés, propres à déjouer les
spéculations des accapareurs. Pour affirmer son opi-
nion et vaincre la tiédeur que rencontrent souvent
les améliorations agricoles, Parmentier fit ensemencer
de pommes de terre cinquante-quatre arpents de terre,
concédés par le gouvernement, et placés dans la plaine
très aride des Sablons. Son expérience fut traitée de
folie ; mais enfin les fleurs qui commencent à paraître,
déconcertent les incrédules. Parmentier en compose
un bouquet et va solennellement en faire hommage au
roi qui a favorisé son entreprise. Louis XVI accepte les
fleurs, en pare sa boutonnière. Dès lors le triomphe
est complet ; de tous côtés on demande à Parmentier
des semences ; et grâce à ses persévérants et intelli-
gents efforts, la pomme de terre prend enfin le rang
qui lui appartenait parmi nos richesses agricoles.

Devenu suspect à la Convention à cause des bons
rapports qu'il avait avec l'ancien gouvernement, Parmentier se tint à l'écart ; mais il fut bientôt rappelé
pour réorganiser le service pharmaceutique des armées ; en 1796, il fut nommé membre de l'Institut et
devint encore président du conseil de santé, inspecteur du service de santé, administrateur des hospices.

Parmentier a inventé le sirop de raisin, qu'il pro-
posa au ministre de la guerre, pour remplacer le
sucre, pendant le blocus continental. Il a perfectionné la boulangerie, créé la mouture économique,
qui donne un sixième de farine en plus, et décidé le

gouvernement à ouvrir une école pratique de boulangerie. Il a publié de nombreux ouvrages, parmi lesquels nous citerons : I. *Examen chimique de la pomme de terre*, 1773, in-12. — II. Le *parfait Boulanger* ou *Traité complet du commerce et de la fabrication du pain*, 1778, in-8°. — III. *Méthode facile de conserver les grains et les farines*, 1783, in-12. — IV. *Le Maïs ou Blé de Turquie, apprécié sous tous ses rapports*, 2° édit. 1812, in-8°. — V. *Économie rurale et domestique*, 1790, 8 vol. in-12. — VI. *Code pharmaceutique à l'usage des hospices civils, des secours à domicile et des prisons*, 4° édit., 1811, in-8°. — VII. *L'art de faire les eaux-de-vie et les vinaigres*, 1819, in-8°. — VIII. *Formulaire pharmaceutique à l'usage des hôpitaux militaires*, an XI, etc.

Nous honorons particulièrement, en Parmentier, disait l'honorable M. Bussy, le 13 novembre 1872, dans un discours prononcé à la séance de rentrée de l'École de pharmacie, le savant utile, le savant devenu populaire par les bienfaits qu'il a répandus sur la société, le philanthrope qui s'est attaché surtout à améliorer la nourriture du peuple par l'introduction du précieux tubercule auquel la reconnaissance publique a donné son nom, la *Solanée parmentière*. Il a occupé pendant longtemps le grade le plus élevé parmi ces pharmaciens militaires, voués au service de l'armée, mais où l'abnégation personnelle et le dévouement n'excluent pas le culte des sciences. Il a su se placer, par son mérite, au premier rang, parmi les plus illustres ; et ses travaux le recommandent à l'estime des hommes qui s'intéressent aux progrès des sciences et à l'amélioration des conditions sociales.

MÉDAILLON DE BALARD.

Balard (Antoine-Jérôme), né à Montpellier le 30 septembre 1802, mort à Paris le 30 avril 1876, était le fils de pauvres vignerons qui cultivaient leur champ de leurs mains. Après avoir fait de bonnes études au collège de Montpellier, grâce à la protection d'une marraine, madame Vincent, qui l'avait adopté, il fut nommé, à l'âge de dix-sept ans, préparateur à la Faculté des sciences de cette ville. Il obtint, le 5 juillet 1826, le grade de pharmacien, et créa bientôt après, dans la rue de l'Aiguillerie, une pharmacie qu'il céda plus tard à l'honorable M. Lutrand.

La vie scientifique de Balard se concentre presque tout entière dans une découverte considérable accomplie au début de sa carrière. Vers 1824, herborisant au bord d'un marais salant, par une matinée de printemps, il avait remarqué un dépôt de sulfate de soude que la fraîcheur de la nuit avait fait cristalliser dans un bassin où l'on conservait des eaux mères du sel commun. L'idée d'exploiter ces eaux mères s'empara immédiatement de son esprit, et l'occupa pendant la plus grande partie de sa vie. Dans le cours de ses expériences, il fut frappé par une coloration particulière que certains réactifs développent dans ces eaux.

Il saisit le fait, et l'ayant poursuivi avec cette ténacité qui est le génie des inventeurs, il eut l'heureuse fortune de découvrir, en 1826, le *brome*, corps simple qui va prendre rang entre le chlore que l'on doit à Schéele et l'iode que l'on doit à Gay-Lussac.

La découverte du brome, dont les propriétés et les combinaisons furent étudiées et décrites par Balard, dans un mémoire devenu classique, attira l'attention sur le jeune savant qui, après avoir reçu une grande médaille de la Société royale de Londres, fut successivement appelé comme professeur de chimie au collège royal, à l'École de pharmacie, et à la Faculté des sciences de Montpellier, où il remplaça, en 1834, son premier maître, Joseph Anglada. Ce fut à cette époque qu'il publia sur l'acide hypochloreux, l'acide chlorique et le chlorure de chaux, un travail dans lequel fut fixée, pour la première fois, la véritable nature des chlorures décolorants.

Le mérite de Balard devait l'amener sur un théâtre scientifique plus important que Montpellier. En 1842, il fut appelé, à Paris, pour monter dans la chaire de Thénard à la Sorbonne; et c'est dans le laboratoire de cet établissement qu'il découvrit la *bioxamide*, et qu'il entreprit ses importantes recherches sur l'alcool amylique extrait des vinasses. Élu en 1844 à l'Institut, dans la section de chimie en remplacement de Darcet, il fut nommé, en 1845, maître de conférences à l'École normale, en 1851, professeur au Collège de France où il a professé la chimie jusqu'à sa mort, et enfin en 1867, inspecteur général de l'enseignement supérieur.

Balard a toujours pris au mouvement scientifique l'intérêt le plus vif et le plus soutenu, cherchant plutôt à développer ses premières découvertes et à en tirer parti, qu'à en faire de nouvelles. Il avait pris, en 1840, un brevet pour l'extraction des sels de potasse des eaux mères des marais salants qui ont laissé déposer du sulfate de soude, sous l'influence du froid. Après des études opiniâtres et des essais industriels poursuivis avec une rare persévérance, il allait enfin recueillir le fruit légitime de ses labeurs, lorsqu'on découvrit, en Allemagne, près de Strassfurt, des couches presque inépuisables des sels dont il s'agit, et qui s'étaient déposées, après le sel commun, à un âge géologique antérieur, par le desséchement d'une mer primitive. Ainsi, la nature avait achevé elle-même, et sur une immense échelle, ce que Balard avait réussi à effectuer, en imitant, sans le savoir, les procédés naturels. Cette coïncidence, qui ajoutait à sa gloire, nuisait considérablement à sa fortune, puisqu'elle ruinait l'entreprise qui lui avait coûté vingt années d'efforts.

Les découvertes utiles et incontestées de Balard, son âme droite et sincère, son cœur ouvert et chaleureux, son caractère naïf et séduisant, ses qualités brillantes de professeur assurent à ce savant, qui aima tant la pharmacie, une place distinguée, parmi les hommes qui ont illustré notre profession : « n'oubliez pas, disait-il, au moment de sa mort à M. Dumas, avec une expression touchante de reconnaissance pour les secours dont sa jeunesse fut entourée et dont le souvenir semblait revivre à ses yeux mourants, n'oubliez pas que j'ai été élève en pharmacie. » Oh ! non, je ne l'aurais pas oublié, ajoute M. Dumas, dans le magnifique éloge qu'il a prononcé à l'Académie des sciences sur son illustre ami, car je comprends mieux que personne qu'il ait attribué le succès de sa vie à ses modestes études qui l'avaient conduit, d'une marche si ferme, au seuil des grands mystères de la nature.

MÉDAILLON DE CAVENTOU

Caventou (Joseph-Bienaimé), chimiste et pharmacien français, membre de l'Académie de médecine, professeur de toxicologie à l'École de pharmacie, officier de la Légion d'honneur, né à Saint-Omer (Pas-de-Calais), le 30 juin 1795, mort à Paris le 5 mai 1877.

Après avoir fait de brillantes études comme élève de Thénard, Caventou reçut son diplôme de la Faculté en 1820, et dirigea, pendant longtemps, une des officines les plus accréditées de Paris. Associé à Pelletier, l'un de ses confrères, dans ses recherches sur les alcaloïdes végétaux, il attacha son nom à la découverte si importante du sulfate de quinine (1820). Cette découverte lui valut un siège à l'Académie de médecine à laquelle il a fait de nombreuses et très intéressantes communications.

MÉDAILLON DE PELLETIER

Pelletier (Joseph), directeur adjoint de l'École supérieure de pharmacie, professeur d'histoire naturelle à la même école, membre libre de l'Académie des sciences, membre de l'Académie de médecine, du Conseil de salubrité, etc., né à Paris en 1788, mort en 1842, était le fils de Bertrand Pelletier, pharmacien à Paris, membre de l'Institut, professeur à l'École polytechnique, qui a publié d'excellents travaux de chimie minérale et organique, de métallurgie et de technologie.

Pelletier est l'un des hommes qui ont le plus contribué au développement de la chimie organique. Il a surtout fait connaître cette classe de principes immédiats désignés sous le nom d'*alcaloïdes*, et il a entrepris, soit isolément, soit en collaboration avec Magendie, Caventou, Vogel, Coriot, Wolter, Brot, etc., un grand nombre de travaux, ayant tous une immense utilité pratique.

Ses études sur la cochenille, le santal, le curcuma et autres matières colorantes ont perfectionné l'art de la teinture; ses recherches sur les résines ont jeté un grand jour sur les opérations de la pharmacie; ses travaux sur la distillation des résines ont donné la base d'une théorie de la fabrication des huiles de résine et du gaz éclairant que cette substance fournit ; son mémoire sur les principaux composés de l'or n'a pas été étranger à la révolution récente qui s'est opérée dans l'art du doreur. Les analyses des racines d'ipécacuanha, de la fève Saint-Ignace, de la noix vomique, des bulbes de colchique, de la cévadille, de la racine d'ellébore blanc, du poivre, de l'opium et des écorces de quinquina ont enrichi la chimie, et par suite la thérapeutique, des principes immédiats connus sous le nom d'émétine, de strychnine, de brucine, de vératrine, de pipérine, de narcéine, de thébaïne, de quinine, de cinchonine, etc. Le nom de Pelletier est inséparable de l'invention du sulfate de quinine, pour laquelle l'Académie des sciences a décerné, en 1827, à ses auteurs, Pelletier et Caventou, un prix de 10,000 fr. du legs Monthyon.

MÉDAILLON DE ROBIQUET

Robiquet (Pierre), né à Rennes en 1780, mort en 1840, débuta fort jeune dans une pharmacie de Lorient, vint plus tard à Paris où il suivit les cours de Fourcroy à l'Athénée, et entra ensuite, comme pensionnaire, dans un établissement que ce grand professeur avait formé avec son confrère Vauquelin, pour la fabrication des produits chimiques.

Enlevé à ses chères études par la conscription en 1799, il se rendit à l'armée d'Italie où il fut presque aussitôt enfermé dans Gênes. Il profita de son séjour dans cette contrée pour assister aux leçons du physicien Volta, puis à celles du célèbre anatomiste Scarpa dont l'enseignement brillant lui avait fait un instant concevoir la pensée d'étudier l'anatomie. Revenu d'Italie, après la seconde conquête de ce pays assurée par la bataille de Marengo, Robiquet fut employé à l'hôpital militaire de Rennes où il étudia les mathématiques en vue de se préparer à l'École polytechnique. Au moment où il allait subir le concours, il fut nommé à l'hôpital militaire du Val-de-Grâce à Paris ; et ce fut à cette époque, qu'il organisa, sous les auspices de Virey, une association de jeunes gens distingués et instruits, au sein de laquelle il conçut la pensée des travaux et des recherches qu'il a exécutés plus tard avec un grand succès. Il quitta bientôt le Val-de-Grâce, revint au laboratoire de Vauquelin et dirigea ensuite une pharmacie à laquelle il ajouta une fabrique de produits chimiques.

Nommé répétiteur à l'École polytechnique, après la mort de Cluzel, il devint, en 1811, professeur de matière médicale à l'École de pharmacie, en remplacement de Vallée, puis professeur de chimie; et lorsque la faiblesse de sa santé l'obligea de renoncer au professorat, il reçut de la confiance de ses collègues la charge d'administrateur trésorier. Ce fut dans cette période de sa vie qu'il publia ses travaux. Il jouissait déjà d'une grande célébrité, lorsque ses élèves, étonnés de ne pas le voir décoré, demandèrent et obtinrent pour lui la croix de la Légion d'honneur. Enfin, en 1834, il fut appelé à l'Institut, en remplacement de Chaptal.

Les travaux de Robiquet, dit M. Chevreul, se recommandent par le nombre, la diversité des sujets, la délicatesse des procédés d'analyse immédiate, l'exactitude des expériences, la finesse et l'originalité des aperçus, l'intérêt des résultats portant souvent sur la science pure aussi bien que sur l'application; enfin tous se recommandent par l'extrême bonne foi avec laquelle ils sont exposés.

Son premier travail, en 1805, eut pour objet l'analyse du suc d'asperges, dans lequel Vauquelin et lui signalèrent un nouveau principe, désigné plus tard sous le nom d'*asparagine*. Citons aussi ses recherches chimiques sur le soufre liquide de Lampadius, sur la baryte caustique, sur la purification du nickel, sur l'analyse de la réglisse, sur les cantharides, sur la nature du kermès, sur les lichens avec lesquels on prépare l'orseille. En 1832, Robiquet examine l'opium, découvre et définit la codéine, étudie soigneusement l'acide méconique, et son nom se trouve mêlé aux découvertes les plus importantes faites en chimie organique depuis 1828 jusqu'en 1840.

Dans les dernières années de sa vie, il eut pour collaborateurs plusieurs de ses amis, dans les importantes et remarquables découvertes qu'il publia : telles sont ses recherches sur les amandes amères et leur huile volatile, entreprises avec Boutron-Charlard ; ses recherches sur les semences de moutardes faites successivement avec Boutron-Charlard et M. Bussy ; ses recherches sur la garance avec Colin.

Outre les nombreux articles insérés dans le *Journal de Pharmacie;* les notes données à la traduction de Pline éditée par Panckouke, Robiquet a publié les ouvrages suivants : I. *De l'emploi du bicarbonate de soude dans le traitement médical des calculs urinaires,* lu à l'Académie de médecine, janvier 1826, in-8°. — II. *Nouvelles expériences sur les amandes amères et sur l'huile volatile qu'elles fournissent, lues à l'Académie des sciences* le 31 mai 1830, in-8°. — III. *Nouvelles expériences sur la semence de moutarde.* Paris, 1831, in-8°. — IV. *Notice historique sur André Laugier* suivie d'une autre notice sur Aug. Arth. Plisson.

MÉDAILLON DE DUMÉRIL

Duméril (André-Constant), naturaliste français, né à Amiens en 1774, mort en 1860 à Paris, fut successivement préparateur et démonstrateur à l'école anatomique de Rouen (1793), prosecteur à la Faculté de médecine (1794), chef des travaux anatomiques (1799) et professeur d'anatomie (1801) dans la même Faculté. Suppléant de Lacépède de 1802 à 1825, dans la chaire d'erpétologie et d'ichthyologie au Muséum d'histoire naturelle, il lui succéda comme titulaire. Il fut également suppléant de Cuvier comme professeur d'histoire naturelle à l'École Centrale du Panthéon. En 1822, il passa dans la chaire de physiologie, et l'échangea, en 1830, contre celle de pathologie interne. Il fut admis en 1814 à l'Académie des sciences, en 1820 à l'Académie de médecine, et devint en 1837 médecin consultant de Louis-Philippe.

Duméril, auquel la Faculté de médecine de Paris doit les premiers fondements du musée anatomique, et qui occupe une belle place parmi les fondateurs de l'anatomie comparée, a publié : I. De nombreux mémoires dans le *Magasin encyclopédique*, l'*Encylopédie méthodique*, le *Bulletin de la Faculté de médecine*, le *Dictionnaire des sciences naturelles*. — II. Les deux

premiers volumes des *Leçons d'anatomie comparée* de
Cuvier (les trois autres ont été rédigés par Duvernoy).
Paris, 1799. — III. *Traité élémentaire d'histoire naturelle*
1803, 1 vol. in-8° et 1807, 2 vol. in-8°, réédité sous le
titre d'*Éléments des sciences naturelles*, 1825 et 1848,
2 vol. — IV. *Zoologie analytique ou méthode naturelle
de classification des animaux*, 1806, in-8° (ouvrage qui
a surtout amélioré la classification des insectes, des
poissons et des reptiles et où se trouve créée la famille
des Cyclostomes). — V. *Recueil de 450 formules proposées
dans les jurys de médecine*, 1811-1813, in-4°. — VI.
Considérations générales sur la classe des Insectes, 1828,
in-8° avec 60 pl. — VII. *Erpétologie générale ou histoire
naturelle des Reptiles* (avec Bibron), 1834-1854. 9 vol. et
atlas de 120 pl. — VIII. *Classification des Poissons* (dans
les *Comptes rendus de l'Académie des sciences* (septembre 1855).

MÉDAILLON DE BRONGNIART

Brongniart (Antoine-Louis), né en 1742 mort le 24 février 1804, était le fils de Ignace Théodore Brongniart, pharmacien à Paris et le frère de Brongniart (Alexandre-Théodore), architecte distingué de Paris qui eut pour fils Alexandre Brongniart, le grand naturaliste, collaborateur de Cuvier, membre de l'Institut, ingénieur des Mines, directeur de la manufacture de Sèvres, né en 1770, mort en 1847 et dont le fils Brongniart (Adolphe-Théodore), né le 14 janvier 1801, mort le 18 février 1876, fut un des plus grands botanistes de notre siècle.

Pharmacien du roi Louis XVI, Brongniart (Antoine-Louis) se fit connaître par des cours particuliers de pharmacie et de chimie, à une époque où ces deux sciences comptaient à Paris peu de professeurs. La facilité avec laquelle il s'énonçait, la clarté de ses démonstrations, le firent nommer professeur administrateur au collège de pharmacie ; et, lorsque Rouelle le jeune mourut, il fut appelé au Muséum à la chaire de chimie appliquée aux arts. Pendant une partie de la révolution, il remplit les fonctions de pharmacien militaire et fit partie du conseil de santé des armées.

Il a publié : Un *Tableau analytique des combinaisons et*

des décompositions des différentes substances ou procédés de chimie pour servir à l'intelligence de cette science, Paris, 1778. — *Journal des sciences, arts et métiers*, 1792. Il travaillait à cette feuille en société avec Hassenfratz, ingénieur, professeur à l'École des mines et à l'École polytechnique, qui fut l'un des organisateurs de l'insurrection du 10 août 1792 et un des membres de la Commune de Paris. — *Divers mémoires*, la plupart sur des objets chimiques et pharmaceutiques insérés dans son *Journal des sciences et arts* et dans d'autres feuilles périodiques.

MÉDAILLON DE SCHEELE

Scheele (Charles-Guillaume), célèbre chimiste suédois, né à Stralsund en 1742, d'une famille pauvre,
mort en 1786. Après avoir fait des études classiques
assez médiocres, il entra successivement, comme élève
en pharmacie, chez M. Bauch à Gothembourg, chez M.
Kalstroem à Malmoë, en Scanie, chez M. Scharenber-
ger, surintendant de la pharmacie à Stockholm, et
enfin chez M. Looke, pharmacien à Upsal, où il était
venu pour suivre les cours de chimie du célèbre professeur Bergmann.

Pendant le cours de son long stage, Scheele avait
fait une étude sérieuse et approfondie de la chimie, sa
science favorite, exécutant souvent la nuit des expériences qu'il avait imaginées pendant le jour. Son plus
grand désir était de connaître Bergmann auquel il
voulait demander des conseils, mais il n'avait jamais
pu se décider à se présenter à lui. Heureusement une
circonstance fortuite vint en aide à sa modestie et à
sa timidité.

M. Looke, chez lequel il travaillait à Upsal, demanda
un jour à Jean Gottlieb Gahn assesseur de Bergmann,
l'explication d'un fait qu'il avait récemment observé.
Il dit qu'ayant versé du vinaigre sur du nitre, et ayant

placé ce mélange sur un feu assez vif, il s'était dégagé de l'acide nitreux fumant. Gahn n'ayant pas pu expliquer le phénomène en parla à Bergmann qui ne put fournir aucun renseignement précis à cet égard. Il venait faire part de l'insuccès de ses démarches à M. Looke, et en son absence, il s'adressa à Scheele qui lui dit que rien ne lui semblait plus facile que d'expliquer cette réaction : « L'acide nitrique, dit-il, comme l'acide vitriolique, peut exister dans deux états. Dans le premier, il a plus d'affinité pour la potasse que le vinaigre ; mais dans le second, il en a une plus faible. La chaleur le fait passer du premier état au second, et, dans ce cas, il peut être décomposé par le vinaigre. » Gahn émerveillé de la sagacité du jeune élève en pharmacie, devint bientôt son ami, lui communiqua ses recherches, et ne tarda pas à le présenter à Bergmann. L'illustre professeur accueillit Scheele avec la plus grande bienveillance, adopta toutes ses opinions, publia toutes ses découvertes, obtint même en sa faveur une allocation de fonds pour l'aider à poursuivre ses recherches, et lui voua une amitié qui ne se démentit jamais. Peu de mois après, Scheele lisait à l'Académie des sciences un mémoire sur le spath fluor, et sur la proposition de Bergmann, l'Académie de Stockholm décernait à un simple élève en pharmacie le titre d'associé.

Malgré cette distinction et malgré les offres brillantes qui lui furent faites, au nom du gouvernement, par son savant ami Bergmann, Scheele quitta Upsal pour prendre à Kœping, petite ville située sur le lac Malaren, une modeste pharmacie, devenue vacante par le décès du titulaire. C'est là que, partagé entre les soins obligés de son officine et ses laborieuses études, il mit au jour la plupart des découvertes qui ont atta-

ché tant de gloire à son nom. Il avait alors 31 ans.
Deux ans après 1777, le collège royal de médecine le
recevait gratuitement et le dispensait de toutes les
formalités d'usage pour obtenir ses grades. Plus tard,
sur la proposition de Bergmann, les Académies de Berlin, d'Erfürt, de Sardaigne, la Société royale des
sciences de Paris, s'étaient empressées de l'admettre
dans leur sein.

Il mourut le 21 mai 1784, à l'âge de 42 ans, le jour
même de son mariage, emporté en six jours par une
fièvre maligne.

Les travaux et les découvertes de Scheele sont considérables : il montra que la plombagine est du carbone ;
il donna l'arsénite de cuivre à la peinture ; il découvrit
le chlore, le manganèse, le molybdène, le tungstène,
les acides lactique, gallique, citrique, oxalique, tartrique, prussique, arsénique, fluosilicique, le principe
doux des huiles, le caméléon minéral, et connut l'oxygène en même temps que Priestley.

Ses mémoires, qui sont, comme détails, des modèles inimitables, ont été insérés dans des recueils
suédois. — Voici la liste des principaux : *Mémoire sur
l'acide tartrique*, 1770. — *Examen du spath fluor et de son
acide (acide fluosilicique)*, 1771. — *Recherches sur la magnésie noire* (manganèse), 1774. — *Remarques sur le sel
de benjoin*, 1775. — *Découverte de l'acide orsénique*, 1775. —
Expériences sur le quartz, la silice, l'argile et l'alun, 1776.
— *Traité de l'air et du feu*, 1777. — *Procédé pour obtenir
le mercure doux par la voie humide et la poudre d'Alga-
roth*. — *Découverte du vert dit de Scheele* (Pigmentum
viride). — *Étude sur le molybdène*, 1778. — *Travail sur
la plombagine*. — *Expériences sur la décomposition des
sels par la chaux vive et par le fer*, 1779. — *Examen du
lait et de son acide* (acide lactique), 1780. — *Mémoire sur*

*le tungstène. — Observations sur l'éther. — Moyens de
conserver le vinaigre. — Essai sur la matière colorante
du bleu de Prusse,* 1781.

Scheele fut une des gloires de la chimie et de la
pharmacie. Si on voulait le suivre dans toutes ses recherches, a dit M. Dumas, il faudrait parcourir avec
lui toutes les parties de la chimie. On verrait alors toute
la souplesse de son génie, la fécondité de sa méthode,
la sûreté de sa main et la singulière pénétration de son
esprit, qui le font toujours arriver au vrai et s'y arrêter.

Examinez ses mémoires, vous n'y trouverez pas une
erreur, dans tout ce qu'il a dit des corps et de leurs
propriétés. On ne saurait trop l'admirer tant qu'il se
renferme dans les faits qu'il a observés et les conséquences prochaines qui en découlent. Ses mémoires
sont sans modèles comme sans imitateurs.

Aux mérites du savant, Scheele joignait toutes les
vertus de l'homme privé, serviable et affectueux pour
ses amis, dédaignant les richesses et les grandeurs,
n'ayant de passion que pour la science, et refusant
tout pour consacrer à sa patrie les talents qu'il avait
reçus de Dieu. Noble vie, s'écrie Monsieur Dumas,
modèle de simplicité, de grandeur, de savoir, de modestie, de sagesse, de désintéressement et de bonté.

MÉDAILLON DE BAYEN

Bayen (Pierre) né à Châlons-sur-Marne en 1725, mort en 1798, suivit comme pharmacien en chef l'expédition de Minorque en 1756, dirigée par le maréchal de Richelieu ; il passa ensuite au même titre à l'armée d'Allemagne pendant la guerre de Sept ans (1757-1763) et y rendit les plus grands services. Il créa en quelque sorte la pharmacie militaire et fut inspecteur des hôpitaux de l'armée. Rentré en France à la paix de 1763, il se consacra exclusivement à l'étude des sciences, et fut nommé membre de l'Institut national, lors de la création de cette savante compagnie (1795).

On doit à Bayen divers ouvrages sur les eaux minérales de la France, et principalement sur celles de Baréges et de Bagnères-de-Luchon ; des recherches très importantes, au point de vue de l'industrie, sur les marbres, les jaspes, les porphyres, et insérées dans le recueil des savants étrangers ; enfin un grand travail sur l'étain, publié en 1781, et dans lequel il démontra que la petite quantité d'arsenic contenue dans ce métal ne peut être nuisible dans les usages domestiques, comme l'avaient cru et proclamé deux chimistes allemands, Henckel et Margraff ; ce qui avait causé une véritable épouvante dans les populations, à une époque où l'étain constituait en quelque sorte la base des ustensiles et de la vaisselle de ménage. Ce fut aussi le premier chimiste qui vérifia que les métaux, au lieu de perdre l'un de leurs principes dans la combustion, acquéraient au contraire un de ceux de l'air qui s'y fixe et augmente leur poids.

Bayen, qui appartient, comme Baumé, Parmentier et Darcet, à cette pléiade de savants qui, dans la seconde moitié du siècle dernier, se consacrèrent exclusivement aux intérêts de l'humanité, était très studieux, excellent observateur, et un modèle de philanthropie, de patience, de modestie et de simplicité.

MÉDAILLON DE MACQUER

Macquer (Pierre-Joseph), docteur en médecine, maître en pharmacie, membre de l'Académie des sciences, directeur de la manufacture de Sèvres, censeur royal et professeur de chimie au jardin du roi, né à Paris le 9 octobre 1718, d'une famille noble originaire d'Écosse, et qui avait sacrifié ses biens et sa patrie à son attachement pour la foi catholique et pour la maison de ses anciens rois, mort en 1784.

Tout à la fois docteur en médecine et maître en pharmacie, Macquer délaissa ces deux professions pour se livrer avec ardeur et succès à l'étude des sciences physiques et chimiques. Disciple de Rouelle, il surpassa son maître et fit faire de grands progrès aux sciences chimiques. Doué d'un certain génie, et frappé des imperfections trop évidentes de la théorie chimique de son temps, désignée sous le nom de *théorie du phlogistique de Stahl*, il essaya de la modifier, et imagina de substituer la lumière au phlogistique, de la regarder comme précipitant de l'air, et de lier ainsi les nouvelles découvertes avec les anciennes et avec la doctrine de Stahl. Mais il échoua complètement, et ses innovations furent des plus malheureuses. Il appartenait à l'illustre Lavoisier de mener à bonne fin l'œuvre que Macquer n'avait fait qu'entrevoir.

Les expériences de Macquer sont très intéressantes, et pour la plupart curieuses et nouvelles. Le premier, il démontra que le diamant, calciné dans le vide, ne se modifie pas et ne perd pas de son poids, tandis qu'il disparaît complètement si on le brûle à l'air libre Il fit connaître les propriétés distinctives de l'alumine, et sut distinguer, dans la terre blanche des environs de Saint-Yrieix, près Limoges, le précieux kaolin qui alimente aujourd'hui nos fabriques de porcelaine. Il constata l'infusibilité de la magnésie pure et étudia à fond les sulfates de chaux et de magnésie ; il fit voir que l'arsenic était un véritable métal et s'occupa des sels arsenicaux, dont l'un, le bi-arséniate de potasse, porta longtemps le nom de sel arsenical de Macquer ; il s'occupa du platine, mais d'une façon très incomplète, reconnut que l'or peut se volatiliser, que l'étain s'oxyde au contact de l'air ; il fit une analyse assez complète du lait et des substances excrémentitielles ; il découvrit la décoloration du bleu de Prusse par les alcalis ; il détermina les proportions de l'alliage du cuivre et du zinc propre à faire le meilleur laiton, etc.

Il a publié les ouvrages suivants, dont quelques-uns sont restés classiques pendant assez longtemps. — I. *Éléments de chimie théorique*, Paris, 1741, 1749, in-12. — II. *Éléments de chimie pratique*, Paris, 1751, 2 vol. in-12, réimprimés en 1756 avec les *Éléments de chimie théorique*, 3 vol. in-12. — III. *Plan d'un cours de chimie expérimentale et raisonnée*, 1757, in-12, en collaboration avec Baumé. — IV. *L'art de la teinture en soie*, 1763, in-8°. — V. *Dictionnaire de chimie, contenant la théorie et la pratique de cette science*, etc. Paris, 1766,

2 vol. in-8°, 1776, 2 vol. in-4° traduits en anglais, en allemand, en italien, en danois. — Il a en outre travaillé à la pharmacopée de Paris; il a fait un formulaire magistral et collaboré au *Journal des savants*.

MÉDAILLON DE ROUELLE

Rouelle (Guillaume-François), surnommé Rouelle
l'aîné, pour le distinguer de son frère Hilaire-Marin ou
Rouelle le jeune, apothicaire de Paris, inspecteur général de la pharmacie de l'Hôtel-Dieu, démonstrateur
de chimie au jardin royal des plantes, membre de l'A-
cadémie des sciences, membre de l'Académie royale
de Stockholm et de celle d'Erfürt, né en 1703 au village
de Mathieu près Caen, d'une famille d'honnêtes culti-
vateurs, mort en 1770.

Au sortir du collège de Caen, où il avait obtenu de
grands succès, Rouelle commença à l'université de
cette ville l'étude de la médecine qu'il abandonna bientôt, pour s'occuper avec ardeur de la chimie, qui avait
pour lui un attrait irrésistible. Après avoir fait ses premiers essais au feu de la forge d'un maréchal, son voisin, il vint à Paris, et entra, comme élève en pharmacie, chez l'Allemand Spitzley, successeur de Lémery, où
vivaient encore les traditions du maître. Pendant les
sept années qu'il passa chez Spitzley, Rouelle contracta
les habitudes d'ordre, d'activité et de réflexion qui
sont indispensables au chimiste ; il s'y familiarisa avec
la pratique des procédés de laboratoire, et eut occasion d'entrer en rapport avec la plupart des savants

de l'époque, notamment avec les deux frères Antoine et Bernard de Jussieu.

Songeant à son avenir, tout en suivant avec avidité le mouvement général de la science, Rouelle obtint, à l'aide de quelques protections, le titre d'apothicaire privilégié, et établit, dans la rue Jacob, une pharmacie qui acquit rapidement une grande réputation. Il s'appliqua alors, avec une nouvelle ardeur, à ses recherches de chimie, et se mit bientôt à professer cette science dans des cours particuliers qui eurent un grand succès et lui valurent d'être nommé démonstrateur de chimie au jardin du roi, sous le professeur Bourdelin. Deux ans après, il entrait à l'Académie des sciences comme adjoint-chimiste.

Rouelle n'avait été jusque-là pharmacien que par privilège. En 1750, la Compagnie des apothicaires de Paris, jalouse de s'attacher un membre aussi illustre, lui offrit de le recevoir, aux conditions qu'il proposerait lui-même. Rouelle ne voulut accepter aucune faveur, et subit avec succès toutes les épreuves. La même année il devint membre de l'Académie de Stockholm et de celle d'Erfürt; en 1752, associé de l'Académie royale des sciences. Peu de temps après, il refusa, pour ne pas renoncer à ses leçons et à ses recherches, la charge de premier apothicaire du roi, qui lui avait été offerte par M. de la Vrillère. Plus tard, il accepta la place d'inspecteur de la pharmacie de l'Hôtel-Dieu où il se fit remarquer par son exactitude, sa sévérité et son désintéressement. Nommé professeur en titre au jardin du roi, il conserva son poste jusqu'en 1768, époque à laquelle il fit agréer à sa place son frère Hilaire-Marin. Retiré à Passy, il mourut en 1770 à l'âge de 65 ans.

Rouelle est l'un des chimistes les plus illustres du

dix-huitième siècle, l'un des professeurs les plus habiles
dont s'honore la France, le chef d'une école d'où sor-
tirent tous les savants qui, vers la fin du même siècle,
préparèrent la grande réforme des sciences chimiques.
Il eut pour disciples, en effet, Rouelle jeune, Venel,
Gadet, Macquer, D'Arcet, Roux, Bucquet, Bayen,
Lavoisier, et pour auditeurs un grand nombre d'étrangers attirés en France par l'éclat de sa renommée.

Ses travaux, ses écrits, son enseignement brillant,
eurent une haute influence sur les destinées de la
chimie. Il s'est immortalisé par la découverte du
groupe des sels, et par ses magnifiques travaux sur la
chimie végétale qui ont servi de base à toutes les
découvertes qui se multiplièrent vers la fin de son siècle ; ce fut lui enfin qui, suivant l'expression de Vicq
d'Azyr, fournit le creuset où tout s les connaissances acquises jusqu'alors, vinrent se fondre et s'é-
purer.

Le premier travail présenté par Rouelle à l'Académie des sciences était une étude sur les sels neutres,
dans laquelle il établit une classification méthodique
des sels. En 1745, il lut à l'Académie un nouveau
mémoire ayant pour sujet l'application des principes
établis dans le précédent travail, à l'étude spéciale du
sel marin. En 1747, il publia un important mémoire
sur l'inflammation des huiles essentielles au moyen
de l'esprit de nitre, et s'occupa, à partir de cette époque, de chimie végétale sur laquelle il a fait des travaux remarquables, qui l'ont fait regarder comme le
père de la chimie végétale. Il définit, distingua, compta
et classifia les matériaux divers qu'il avait retirés d'un
grand nombre d'analyses et qu'il nomma, le premier,
principes immédiats des végétaux. Il examina avec soin
les extraits végétaux, les divisa en cinq classes, et

appliqua ses recherches aux extraits et aux sucs végétaux destinés à la teinture et aux arts. Il s'occupa des sels contenus dans des plantes, notamment du tartre et de ses combinaisons. Tous ces travaux ne furent pas imprimés; mais ils furent annoncés dans ses leçons et recueillis par des élèves qui les répandirent en France et à l'étranger.

En 1750, Rouelle fit insérer, dans les *Mémoires de l'Académie des sciences*, un grand travail sur les embaumements, qui est encore l'un des meilleurs que nous possédions sur l'art d'embaumer des anciens. En 1754, il lut à l'Académie une nouvelle et très importante étude sur les sels neutres, dans laquelle il définit exactement les sels comme groupe chimique et les distingua en sels neutres, acides et basiques. Il a également laissé une notice sur l'histoire naturelle de la cannelle de Ceylan dont les détails lui avaient été fournis par le savant Albert Seba, d'Amsterdam, et qui, trouvée dans ses papiers après sa mort, fut publiée par d'Arcet son petit-fils, et insérée dans le *Bulletin de pharmacie*, 1814, tome VI, page 193.

Ce n'est point par ses écrits, mais c'est surtout par son enseignement, que Rouelle a le plus contribué aux progrès de la chimie. S'il écrivit peu, il inspira ceux qui devaient écrire; il communiqua dans ses brillantes leçons les trésors de ses connaissances à toute une génération de savants, ses élèves, qui, recueillant avec soin les doctrines du maître, les répandirent dans toute l'Europe dans les copies qu'ils s'empressèrent de publier. Sa manière de professer était toute spéciale : il arrivait à l'amphithéâtre, gêné dans le costume classique de son temps, commençait posément son cours, puis, à mesure qu'il s'animait, jetait son bonnet, sa perruque, sa robe, sa cravate, et alors seulement paraissait le vrai Rouelle, le savant manipulateur, le démonstrateur entraînant.

Grimm, dans sa correspondance littéraire, nous a tracé de Rouelle et de ses manières un tableau charmant, que nous aurions reproduit tout entier, si nous n'avions pas craint de dépasser les bornes étroites de cette notice. « C'était, dit-il, le véritable type du savant absorbé dans ses rêveries, dédaigneux des lois de la bienséance, et ayant tellement l'habitude de s'aliéner la tête que les objets extérieurs n'existaient pas pour lui. Il se démenait comme un énergumène, se renversait sur sa chaise, donnait des coups de pied à son voisin, lui déchirait ses manchettes sans s'en apercevoir. Son caractère était naturellement doux, affectueux et serviable ; mais à la moindre contradiction, il s'irritait, et dans son emportement, il ne se faisait faute d'aucune injure ; mais la plus générale, l'épithète qui revenait le plus souvent et servait le mieux sa fureur, était celle de plagiaire... Oui, messieurs, s'écriait-il, tous les ans, à certain endroit de son cours, en parlant de Bordeu, c'est un de nos gens, un frater, un plagiaire, qui a tué mon frère que voilà ! »

Mais, malgré toutes ses singularités qui couvraient ses talents d'une enveloppe si fantaisiste, Rouelle jouissait de la plus haute considération parmi les savants et d'une estime générale parmi les gens du monde. Génie puissant, mais sans culture, il ne laissait à la critique que quelques travers si bien rachetés d'ailleurs par des qualités solides, des mœurs pures, un immense savoir, un désintéressement éprouvé et une bonté sans limites.

MÉDAILLON DE GEOFFROY

Geoffroy (Etienne-François), médecin et illustre pharmacologiste, né à Paris le 13 février 1672, mort en 1731, était le fils de Mathieu-François Geoffroy, maître apothicaire, ancien échevin, ancien consul, chez lequel se réunissaient, sous la présidence du Père Mersenne, les savants qui formèrent plus tard le premier noyau de l'Académie des sciences.

Après avoir étudié la pharmacie à Montpellier chez un apothicaire très instruit auprès duquel il avait été envoyé par son père, Geoffroy fit son chef-d'œuvre en pharmacie en 1694. Il suivit comme médecin le comte de Tallard, ambassadeur en Angleterre, et fut nommé membre de la Société royale de Londres en 1698. Appelé à l'Académie des sciences en 1699, il obtint de son père la liberté de suivre la carrière médicale, et soutint, pour conquérir ses grades, trois thèses très curieuses, où il examine si toutes les maladies proviennent de la même cause et peuvent être guéries par le même remède; où il prouve que le médecin philosophe doit être mécanicien chimiste, et où il se pose la piquante question suivante : « L'homme a-t-il commencé par être ver. »

En 1699, il fut appelé à la chaire de chimie au jardin des plantes ; et, en 1709, à celle de pharmacie et de médecine au Collège de France; où il remplaça très dignement le savant Tournefort.

En outre des différents articles insérés dans les *Mémoires de l'Académie des sciences*, sur le vitriol, le fer, les dissolutions, les fermentations, les eaux de Vichy et de Bourbon-l'Archambault, Geoffroy a publié un ouvrage intitulé : *Tractatus de materia medica, sive de medicamentorum simplicium historia, virtute, delectu et usu.* Paris, 1741, 3 vol. in-8°. Cette matière médicale, traduite en français par Antoine Bergier, complétée par le traducteur aidé du savant Bernard de Jussieu, illustrée par Garsault, accueillie avec la plus grande faveur à l'étranger, est une œuvre sérieuse, pleine de recherches nombreuses et d'observations importantes, et qui assure à Geoffroy une place distinguée parmi les plus illustres pharmacologistes.

MÉDAILLON DE SEBA

Seba (Albert), pharmacien, né en 1668 à Eetzeel (Ost-Frise), mort en 1736, était le fils d'un simple cultivateur qui ne put lui faire donner qu'une éducation fort modeste. Entré en apprentissage chez un pharmacien de Neustadt, Seba vint ensuite à Amsterdam, travailla dans quelques pharmacies, puis s'embarqua sur un vaisseau de la Compagnie des Indes. Il fit successivement plusieurs voyages, rapportant chaque fois, un grand nombre d'objets précieux et rares, empruntés aux trois règnes de la nature. Il se fixa enfin à Amsterdam, où il établit une pharmacie, et profita des relations maritimes étendues de la Hollande pour créer une collection d'histoire naturelle, qui surpassa bientôt, en richesse et en beauté, toutes celles de l'Europe.

Pierre le Grand, ayant visité cette collection, pendant un voyage qu'il avait fait en Hollande, l'acheta pour une somme considérable, et en fit présent à l'Académie des sciences de Saint-Pétersbourg, qui la possède encore. Mais, avant de la céder au Czar, Albert Seba en avait fait dessiner et graver les morceaux les plus précieux, afin de composer un magnifique ouvrage formant 4 gros volumes in-f° renfer-

mant 450 planches et qui parut sous le titre de :
Locupletissimi rerum naturalium thesauri accurata des-
criptio, et iconibus artificiosissimis expressio, per univer-
sam physices historiam : opus cui in hoc rerum genere nul-
lum par exstitit, ex toto terrarum orbe collegit, digessit,
descripsit et depingendum curavit Albertus Seba, Amsterdam, t. I, 1734, t. II, 1735, t. III, 1761, t. IV, 1765.
— Une nouvelle édition des planches de cet ouvrage
que possède le Muséum d'histoire naturelle fut donnée en 1827 et années suivantes, par Cuvier, Geoffroy Saint-Hilaire, Audoin, etc., en 45 livraisons
in-f° ; mais le texte nouveau qui devait les accompa-
gner n'a pas paru.

Après avoir vendu sa première collection, Seba se
mit aussitôt à en former une autre plus riche ; malheu-
reusement, à sa mort, il ne se présenta personne
pour l'acheter ; elle fut vendue à l'enchère et disper-
sée ; toutefois la majeure partie passa dans le cabinet
du Stathouder.

Le nom d'Albert Seba mérite donc d'occuper une
belle place à côté de ceux de Moïse Charas, Lémery,
Georges Margraff, les deux Geoffroy, savants chers à
la profession pharmaceutique, et qui mirent à profit
leurs études et leurs voyages, pour éclairer l'origine
d'un grand nombre de substances médicales exo-
tiques.

MÉDAILLON DE LE DANTE

Dante Alighieri (Le Dante), qu'il suffit de nommer pour rappeler un génie puissant et créateur, un caractère noble et passionné, une grande infortune et une plus grande renommée, fut à la fois un historien, un diplomate, un astronome, mais surtout le plus grand poëte de son siècle. Né au mois de mai 1265, d'une famille noble de Florence, le Dante perdit son père très jeune. Disciple de Brunetto Latini, il suivit les cours de Bologne et de Padoue, cultivant la poésie, la philosophie de Platon et d'Aristote, la théologie de saint Thomas d'Aquin, et toutes les sciences connues de son temps.

Dante, voulant arriver aux emplois publics, fut obligé, ainsi que le prescrivaient les lois de la république de Florence, de se faire inscrire sur les registres ou matricules de l'un des arts entre lesquels toute la ville était partagée. Il se fit inscrire sur le sixième registre, qui était celui des apothicaires et des médecins, soit qu'il y eut parmi les biens de sa famille un magasin d'apothicairerie, soit qu'il ait eu l'envie d'être médecin. C'est un titre d'honneur pour une profession d'avoir donné naissance à des personnages illustres ; aussi nous sommes fiers de pouvoir constater que le grand poète florentin a fait partie de notre corporation comme membre de la Compagnie des apothicaires de Florence.

En 1289, le Dante combattit pour sa patrie à Campeldino contre les Gibelins d'Arezzo, et en 1290, à Caprona, contre les Pisans. Après avoir été chargé de plusieurs missions politiques, il fut nommé membre du Conseil suprême de Florence en 1300, et exilé en 1302, à la suite des querelles qui s'élevèrent dans le parti guelfe entre les noirs, qui voulaient appeler Charles de Valois, et les bleus, dont il était partisan, qui le repoussaient. Après une tentative inutile qu'il fit pour rentrer dans Florence à main armée, il erra de ville en ville, toujours en lutte contre la misère, séjourna à Sienne, Vérone et mourut à Ravenne le 14 septembre 1321.

Le premier ouvrage de Dante est la *Vita nuova*, traduit en français par Delécluze en 1843, dans lequel il a peint les agitations de l'amour qu'il avait conçu de bonne heure pour la jeune Béatrix. Il a composé également un ouvrage : *le Banquet*, et deux écrits en latin : *De vulgari eloquio*, où il traite du génie de la langue italienne, et le *de Monarchiâ*, traité de politique. Mais le plus fameux est la *Divine Comédie*, divisée en trois parties, l'Enfer, le Purgatoire et le Paradis. Cette œuvre magnifique a eu un nombre considérable d'éditions, et a valu au Dante d'être surnommé l'Homère du christianisme.

N° 16.

MÉDAILLON DE CHARAS

Charas (Moïse), pharmacien et médecin né à Uzès en 1618, mort à Paris en 1698, étudia la pharmacie, à Montpellier, à Orange et à Blois, puis vint s'établir à Paris, où il ne tarda pas à se distinguer parmi les plus habiles de sa profession. Ce fut lui qui, le premier, exécuta sous les yeux des magistrats et des médecins la préparation de la thériaque, ce célèbre électuaire légué par les Grecs aux Romains, et par ceux-ci aux Arabes, regardé comme le type et le chef-d'œuvre de la polypharmacie du moyen âge, et dont le débit était alors réservé exclusivement à la ville de Venise, parce que cette cité, entrepôt général du commerce de l'Orient, était censée retenir à son profit les drogues les plus recherchées qui lui venaient des Indes. Telle fut l'origine de son traité sur la thériaque, publié pour la première fois en 1668, sous le titre : *Thériaque d'Andromaque*, avec des raisonnements et observations nécessaires sur l'élection, la préparation et le mélange des ingrédients, qui lui acquit la renommée d'un savant et lui valut bientôt le titre de démonstrateur de chimie au jardin du roi.

Il enseigna cette science pendant neuf ans au collège

3.

du roi. Mais la révocation de l'édit de Nantes vint
l'arracher, lui protestant, à ses travaux et à son enseignement. Obligé de fuir la France, Charas se rendit en Angleterre où il trouva dans Charles II un protecteur digne de ses talents et où il se fit recevoir
docteur. Il passa ensuite en Hollande, puis en Espagne, pour donner ses soins au roi gravement ma-
lade. Les succès qu'il obtint dans la pratique de son
art excitèrent la jalousie des médecins du pays, qui
trouvèrent, dans une circonstance singulière que
nous allons raconter, l'occasion d'exercer leur haine
et leur vengeance. Un archevêque de Tolède ayant
été déclaré saint après sa mort, son successeur an-
nonça que, désormais, les serpents et autres animaux
venimeux, qui se trouveraient dans l'étendue de l'ar-
chevêché, perdraient leur venin. Charas, qui avait
fait de curieuses recherches sur la vipère, prétendit
que la prédiction du prélat ne s'était pas accomplie,
et, dans une expérience qui eut lieu chez don Pédre
d'Aragon, en présence de plusieurs personnages importants, il fit mordre par une vipère deux poulets qui
moururent aussitôt. Il n'en fallut pas davantage pour
perdre le malheureux Charas. On l'accusa d'avoir
voulu renverser une croyance établie, et fondée sur
la déclaration d'un saint archevêque. Il fut poursuivi,
obligé de fuir, et enfin enfermé dans les prisons de
l'Inquisition où il demeura quatre mois, et dont il ne
put sortir qu'en abjurant le protestantisme. Il avait
alors 72 ans. Il revint en France quelques années
après, et Louis XIV s'empressa de l'admettre à l'Académie des sciences

Charas a publié les ouvrages suivants : I. *Une pharmacopée royale galénique et chimique*, Paris, 1676, in-4°,
revue et augmentée par Lemonnier, Lyon, 1753, in-4°,

2 volumes avec 6 planches représentant les instruments de pharmacie. Cette pharmacopée a été traduite en toutes les langues et même en chinois, par les ordres de l'empereur du Céleste empire. — II. *Traité de la thériaque d'Andromaque avec des raisonnements et observations nécessaires sur l'élection,* etc., etc., in-8°. — III. *Nouvelles expériences sur la vipère, où l'on verra une description exacte de toutes ses parties, la source de son venin, ses divers effets, et les remèdes exquis que les artistes peuvent tirer de la vipère tant pour la guérison de ses morsures que pour celles de plusieurs autres maladies,* Paris, 1670, in-8°, avec trois planches très bien gravées, et un long poëme intitulé : *Echiosophium.* — IV. *Une relation de son voyage en Espagne* (journal de Verdun, année 1776, mois de mars et suivants). — V. *Un traité de chimie enseignant par une brève et facile méthode toutes les plus nécessaires préparations,* Paris, 1763, in-8°. — VI. *Des mémoires sur l'opium, sur la préparation de l'encre de Chine, sur la vipère, sur la nature des sels, sur le mercure, sur les sources d'eaux thermales,* insérés dans la collection de l'Académie des sciences.

Moïse Charas fut l'un des hommes qui, vers le milieu du dix-septième siècle, fit le plus d'honneur à l'art pharmaceutique. Ce fut l'un des derniers sectateurs de la polypharmacie arabe, l'un des derniers adeptes de l'alchimie expirante, et enfin le précurseur le plus immédiat de Lémery. Il jouissait de la considération générale, sa renommée était immense ; il avait été honoré de la confiance et de l'estime des trois plus grands souverains de l'Europe. On doit le considérer dans l'histoire de l'art, dit M. Cap, « comme formant la transition entre l'époque des Arabes et celle de Lémery. Ce n'est pas à nos yeux un faible

mérite d'avoir su quitter la fausse voie dans laquelle
les premiers s'étaient égarés si longtemps, et d'avoir
frayé la route que le second devait parcourir avec tant
de gloire et de succès. »

MÉDAILLON DE NEWTON

Newton (Isaac) naquit à Woolsthorpe, village du comté de Lincoln, le 25 décembre 1642, l'année même de la mort de Galilée. Il perdit son père à l'âge de trois ans, et reçut dans la petite école de son village les premiers rudiments de l'instruction. A douze ans, sa mère l'envoya à Grantham, ville la plus voisine de Woolsthorpe, afin de lui faire compléter ses études, et le mit en pension chez un apothicaire nommé Clarke, auprès duquel se développa, sans nul doute, son goût passionné pour les sciences d'observation.

A l'école de Grantham, Newton se fit remarquer par un goût très vif pour les inventions mécaniques, et fabriqua, avec des outils qu'il avait achetés sur ses économies, différents appareils, parmi lesquels on cite une horloge à eau, une petite voiture marchant toute seule et un moulin à vent.

Il était parvenu à l'âge de quinze ans, lorsque sa mère le rappela auprès d'elle pour diriger ses propriétés; mais elle s'aperçut bientôt qu'il était peu propre à cet emploi, et, le voyant dévoré du désir de s'instruire, elle lui laissa continuer ses études. En 1660, il entra au collège de la Trinité de Cambridge. Là, sous la direction de Barow, un des plus éminents

mathématiciens de son siècle, l'esprit de Newton se
développa rapidement. Ce fut à cette époque, il avait
alors vingt et un ans, qu'il fit ses belles découvertes
dans l'analyse mathématique.

Après avoir conquis divers grades universitaires
dans les années 1666, 1667, 1668, Newton fut appelé à
remplacer son maître Barow, dans la chaire de mathématique et d'optique, et remplit ses fonctions de
professeur, avec un grand zèle, jusqu'en 1695.

En 1672, il entra à la Société royale de Londres, en
lui présentant la description et un modèle du téles-
cope qui porte son nom. En 1688, il représenta l'université de Cambridge au parlement. Nommé gardien
de la Monnaie en 1695, il abandonna sa chaire à
Whiston. Entre ces deux époques, ses facultés furent
un instant affaiblies, à la suite d'un incendie de notes
et de manuscrits que son chien avait occasionné, en
renversant une bougie allumée. En 1699, il fut nommé
directeur de la Monnaie, et la même année, l'Académie des sciences de Paris lui accorda une des huit
places d'associé étranger qu'elle venait de créer. En
1701, ses collègues de Cambridge l'envoyèrent de
nouveau au parlement. Élu président de la Société
royale en 1703, il fut réélu continuellement jusqu'à sa
mort.

Newton est considéré comme le plus beau génie
scientifique du dix-huitième siècle. Les travaux qui
ont immortalisé son nom sont relatifs à l'astronomie,
à l'optique et à l'analyse mathématique; mais on
place ses découvertes astronomiques en première
ligne, parce qu'elles constituent, de l'aveu de tous,
son principal titre de gloire. Complétant l'œuvre de
Képler, dit M. Figuier, dans sa biographie des savants
illustres, Newton expliqua le mécanisme du monde

par une loi générale, absolue, qui ne souffre aucune exception. S'emparant des données astronomiques et mathématiques acquises à la science par ses prédécesseurs, et grâce à un procédé nouveau de calcul qu'il avait lui-même imaginé, le calcul infinitésimal, il démontra l'existence d'un principe universel, l'*attraction*, qui gouverne toute la matière, depuis l'invisible atome jusqu'aux globes immenses qui gravitent dans les cieux, et il fixa la loi suivant laquelle s'exerce cette attraction. Il consigna l'ensemble de toutes ses études qui révélaient au monde le mécanisme de l'univers, dans ses admirables *Principes mathématiques de la philosophie naturelle*. Cet ouvrage, dont le manuscrit fut présenté à la Société royale de Londres par le docteur Vincent, le 28 avril 1686, fut imprimé aux frais de la Société, et parut au mois de mai 1687.

Newton ne fut pas seulement l'homme de l'abstraction, il fut aussi celui de la pratique; il ne fut pas seulement un grand philosophe, il fut aussi un expérimentateur de premier ordre. Ses découvertes en optique, où il fit l'anatomie de la lumière, selon l'heureuse expression de Fontenelle, témoignent de la vérité de cette appréciation. Nous citerons parmi ses découvertes la décomposition et la recomposition de la lumière, l'explication rationnelle de la couleur des corps et de l'arc-en-ciel; et parmi ses belles expériences, celles relatives à divers phénomènes d'optique, tels que ceux de la diffraction, des couleurs des lames minces, des anneaux colorés, rapportés dans le traité d'optique qui parut en 1704.

Parmi les travaux mathématiques de Newton, nous mentionnerons la méthode d'analyse connue sous le nom de *Méthode des fluxions*, qui seule a permis à Newton de démontrer mathématiquement la gravita-

tion universelle, et qui présente une grande analogie
avec le calcul différentiel, découvert par Leibniz. C'est
à propos de cette méthode que s'éleva entre ces deux
savants une querelle devenue célèbre. Nous dirons
aussi que la formule, si employée en algèbre sous le
nom de binome de Newton, est également son œuvre,
et qu'il en a fait de très belles applications au calcul
d'un très grand nombre de courbes.

Newton s'est beaucoup occupé de chimie et même
d'alchimie ; et c'est dans les *questions naturelles* placées
à la fin du traité d'optique, que se trouvent consignées ses ingénieuses et profondes observations sur
la chimie. On lui doit aussi quelques découvertes très
importantes en physique : il a indiqué la manière de
rendre les thermomètres comparables, en adoptant
deux points fixes comme termes extrêmes de leur gra-
duation ; il a déterminé la loi du refroidissement des
corps solides à des températures peu élevées ; enfin,
il a établi que les phénomènes de fusion et d'ébul-
lition se produisent à des températures constantes,
observation capitale et fondamentale de la chaleur.

Newton a plus d'une fois quitté le domaine de la
science pure et de la philosophie pour celui de la fan-
taisie et de l'imagination. C'est ainsi qu'il consacra
un temps considérable à un système de chronologie
et à des ouvrages théologiques. Mais, comme dit
J. Biot dans ses mélanges scientifiques et littéraires :
« la gloire de Newton repose tout entière sur ses travaux scientifiques, qui ont reculé les bornes de l'esprit humain ; ses écrits sur la chronologie et les pro-
phètes sont des tours de force d'érudition sans
résultat : les premiers sont impérissables ; des autres
il ne reste rien. »

Newton mourut le 20 mars 1727, âgé de 85 ans. Ses

funérailles furent célébrées avec une pompe royale ; on le porta à l'abbaye de Westminster ; et le poêle était soutenu par Milord grand chancelier, par les ducs de Montrose et Roxburgh et par les comtes de Pembroke, de Sussex et de Maclesfield, pairs d'Angleterre. Sa famille, sensible à l'illustration qu'elle avait reçue d'un si grand génie, consacra une somme considérable pour élever sur sa tombe un monument où fut inscrite cette épitaphe : « Congratulentur sibi mortales tale tantumque exstitisse humani generis decus. » Que les mortels se glorifient de ce qu'il a existé un homme qui a fait tant d'honneur à l'humanité. »

Fontenelle a écrit l'éloge de Newton, et Voltaire qui, l'un des premiers en France, adopta les vues de cet illustre savant, a célébré sa gloire en ces termes :

> Confidents du très Haut, substances éternelles,
> Qui brûlez de ses feux, qui couvrez de vos ailes
> Le trône où votre maître est assis parmi vous,
> Parlez, du grand Newton n'étiez-vous point jaloux ?

Un tel hommage, rendu par un tel homme, est un brevet d'immortalité !

MÉDAILLON DE LÉMERY

Lémery (Nicolas), célèbre chimiste, né à Rouen le 17 novembre 1645, mort à Paris le 19 juin 1715, était le fils du protestant Julien Lémery, procureur au parlement.

Entré comme élève chez M. Bourdot son parent, pharmacien à Rouen, il vint à Paris, après avoir terminé son apprentissage, et devint le pensionnaire de Glazer, professeur de chimie au jardin du roi et l'un des derniers sectateurs de Paracelse et de l'alchimie. Rebuté par le caractère dur et mystérieux de Glazer, il se mit à voyager, s'arrêta à Montpellier où il étudia la médecine, l'histoire naturelle et la pharmacie et où il professa même la chimie avec succès, et revint à Paris en 1672.

A cette époque, plusieurs savants avaient formé des sociétés particulières, qui devinrent le prélude de la fondation des académies, et dans lesquelles ils venaient se communiquer leurs idées et leurs découvertes. Ils accueillirent Lémery, lui prêtèrent un laboratoire et le présentèrent au grand Condé, le vainqueur de Rocroy, qui lui demanda des leçons de chimie. Lémery se fit bientôt recevoir apothicaire, et ouvrit rue Galande un cours public sur la chimie, où se rendirent les hommes les plus fameux, les Rohan, les Bernier, les Auzout, les Régis, les Tournefort, etc. Quarante Écossais, amenés par le célèbre Homberg, vinrent exprès à Paris pour l'entendre, tant sa réputation fut rapide et brillante.

Les troubles religieux qui éclatèrent en 1681 vinrent surprendre Lémery au milieu des succès qu'il obtenait dans son enseignement et dans sa pharmacie ; il était calviniste et ne put échapper à la persécution. On lui retira la permission de faire ses cours et on lui fit fermer sa pharmacie. Il songea un moment à se retirer en Allemagne où des offres brillantes lui avaient été faites par l'électeur de Brandebourg ; mais, ne voulant pas renoncer à sa patrie, il refusa la chaire de chimie qu'on voulait créer à Berlin pour lui, espérant obtenir quelque tolérance à cause de sa gloire et de ses travaux. N'ayant pas pu conjurer l'orage, il passa en Angleterre en 1683, et fut parfaitement reçu par le roi Charles II auquel il offrit la cinquième édition d'un cours de chimie qu'il avait publié en 1675. Les temps paraissant plus calmes vers la fin de l'année, il revint en France, se fit recevoir docteur en médecine à l'Université de Caen et vint exercer à Paris. Mais, deux ans après, la révocation de l'édit de Nantes le replongea dans de nouveaux malheurs. Privé du droit d'exercer la médecine, dépouillé de sa fortune, obligé de se cacher, contraint de s'expatrier ou de renoncer à ses croyances religieuses, Lémery, cédant aux sollicitations de sa famille et de ses nombreux amis, abjura en 1686 et embrassa le catholicisme.

Il reprit l'exercice de la médecine, le professorat, et voulut y joindre le commerce de la pharmacie. Les lettres patentes qu'il obtint du roi, à cet effet, ne purent vaincre l'opposition du lieutenant général de police, de la Faculté de médecine et des maîtres-gardes apothicaires. Toutefois, les pharmaciens de Paris, avec un désintéressement qui les honore, se désistèrent de bonne grâce, sans doute à cause des services que Lémery avait rendus à la profession. Ce témoignage d'estime et de déférence le détermina à consacrer ses travaux au perfectionnement de la pharmacie. Il publia, en 1697, une *Pharmacopée universelle*, et en 1698 un *Dictionnaire des drogues simples*, qui lui valurent une place à l'Académie des sciences, où il entra comme membre associé, le 6 février 1699, et comme pensionnaire, le 28 novembre de la même année, après la mort de Bourdelin. Lémery eut deux fils, qui devinrent ses collègues à l'Académie, et mourut d'une attaque d'apoplexie le 19 juin 1715.

Il a laissé les ouvrages suivants : I. *Cours de chimie*, Paris, 1675, in-8°. Cet ouvrage a eu trente et une éditions et fut traduit en anglais, en latin, en allemand et en espagnol. — II. *Pharmacopée universelle*, Paris, 1697, in-4°, 8° édition. Elle a été traduite en italien.— III. *Dictionnaire universel des drogues simples*, Paris, 1698, in-4°; traduit en italien et en allemand. — IV. *Traité de l'Antimoine*, Paris, 1707, traduit en allemand. — V. De nombreux mémoires insérés dans les *Annales de l'Académie des sciences*, sur le *camphre*, les *feux souterrains*, les *tremblements de terre*, les *ouragans*, les *eaux de Passy*, l'*urine de vache*, l'*hydromel*, la *cire*, la *manne*, etc., etc.

Lémery occupe une place très importante dans l'histoire des sciences physiques naturelles et médicales, dit M. Cap dans ses études biographiques. Comme professeur et comme praticien, il propagea l'étude de la chimie et de ses applications; comme écrivain, il attira sur cette science, vers la fin du

dix-septième siècle, l'attention de tous les savants;
comme pharmacologiste, il rendit de nombreux services à l'art de préparer. Mais quelle que soit la part
qu'il ait prise aux progrès de la chimie, c'est surtout
par les services qu'il rendit aux sciences médicales
qu'il a droit à la reconnaissance et aux éloges de la
postérité. Bien qu'entraîné par un penchant naturel
vers les hautes recherches de la science, il n'oublia
jamais qu'il était médecin, et surtout qu'il avait commencé par l'étude et la pratique de la pharmacie.
Frappé de l'incertitude des moyens de guérir, du peu
que l'on savait sur l'origine et la nature des substances
médicinales, de l'imperfection des procédés pharmaceutiques, de la diversité et de la confusion qui existaient dans les formules, il résolut de porter la lumière
dans les ténèbres, et employa pour opérer cette importante réforme, quarante années de constants efforts.
Si l'on considère quelles furent, pour la science, les
conséquences d'une volonté si persévérante, unie à
des talents si rares et si distingués, on verra que c'est
aux travaux de Lémery que se rattache la plus heureuse révolution qu'ait éprouvée la chimie, avant
celle que vit éclore la fin du dix-huitième siècle sous
Lavoisier; qu'à partir de cette époque, cette science,
dégagée des erreurs, des rêveries et du langage barbare
de l'alchimie, s'appuya sur l'observation, l'expérience
et le raisonnement; que désormais, ajournant encore
l'émission des hautes théories qui devaient en éclairer
l'ensemble, c'est vers la recherche des faits réels et
positifs que furent dirigés les travaux des chimistes;
qu'enfin, c'est à son école que se formèrent Lémery
fils, Boulduc, Duhamel, Bourdelin, Geoffroy, Lemonnier, Malouin et une foule d'autres, jusqu'à Rouelle,
Macquer et Baumé, qui, tout en reculant eux-mêmes

les limites de la science, reconnurent toujours dans
Nicolas Lémery leur premier guide et leur premier
maître. Quant à la pharmacie, après l'avoir tirée de
la routine, il la fit reposer sur des bases rationnelles,
il simplifia ses principes, perfectionna ses procédés,
éclaira sa marche, et l'affranchit pour toujours du
patronage orgueilleux et ridicule dont les médecins
de l'époque pensaient l'honorer. La pharmacie, dès
lors, au lieu de rechercher dans la médecine un appui
qu'on lui avait fait payer si cher, alla le demander à
la chimie, à la physique, à l'histoire naturelle et con-
quit une indépendance dont elle rapporta les fruits à
leur honorable source, en contribuant de tous ses
efforts à l'avancement des nobles sciences qui l'avaient
accueillie.

Les honneurs ne devaient pas manquer à la mémoire d'un homme aussi éminent, et dont la vie pri-
vée, comme la carrière scientifique, pouvaient être
offertes en exemple à la postérité. A peine la couronne
funèbre était-elle flétrie sur sa tombe, que l'illustre
Fontenelle, son compatriote et son ami, prononçait
son éloge dans le sein de l'Académie des sciences.
Rouen, sa ville natale, lui a élevé une statue; et l'administration de l'École, en faisant graver sur les murs
de l'École supérieure de pharmacie de Paris les traits
vénérables de ce savant, a voulu payer à la mémoire
du *Grand Lémery* le juste tribut de son respect et de
son admiration.

MÉDAILLON DE BOULDUC

Boulduc (Gilles-François), premier apothicaire du roi, ancien échevin, ancien juge consul, démonstrateur de chimie au jardin royal, et associé chimiste de l'Académie des sciences, né à Paris en 1675, mort à Versailles le 15 janvier 1742, était le fils de Boulduc (Simon), juge consul au tribunal de commerce de Paris, membre de l'Académie royale des sciences.

On a de lui des observations sur la cascarille, sur le sel de Seignette, sur le sel d'Epsom et celui de Glauber retiré d'une terre du Dauphiné ; l'analyse des eaux de Bourbon-l'Archambault ; un mémoire sur les purgatifs hydragogues, des expériences sur les lessives de salpêtre et sur les eaux-mères du nitre. Ces différents écrits sont insérés dans les volumes de l'Académie depuis 1699 jusqu'en 1735.

MÉDAILLON DE BAUMÉ

Baumé (Antoine), chimiste et pharmacien, né à Senlis le 26 février 1728, mort en 1804, était le fils d'un simple aubergiste. Après avoir achevé lui-même, pendant son apprentissage à Compiègne, l'instruction très incomplète qu'il avait reçue, il vint à Paris et se plaça comme élève chez le fameux Geoffroy, sous lequel il fit de rapides progrès. Il se fit recevoir maître apothicaire en 1752, et l'éclat de sa réception fut tel que, peu de temps après, on lui offrit la chaire de chimie au Collège de pharmacie. En 1770, il entrait à l'Académie des sciences, et fut nommé en 1796 membre associé de l'Institut national, et en 1798 membre de la Société de médecine.

Esprit éminemment pratique, et doué d'une prodigieuse activité, Baumé appartient à cette catégorie de savants qui laissent volontiers de côté les hautes spéculations et les vues transcendantes de la science, pour les applications pratiques. On lui doit un grand nombre d'inventions utiles aux arts ; l'aréomètre ou pèse-liqueur, qui porte son nom ; des procédés pour la teinture et la dorure. Ce fut lui qui, le premier, éleva en France une fabrique de sel ammoniac ; et ce fut aussi lui, le premier, qui parvint à blanchir par un procédé de son invention, les soies jaunes, sans les écruer. En créant ces deux industries, il affranchit la France des tributs qu'elle payait à l'Égypte et à l'Inde.

Il a rendu d'immenses services à la chimie, par ses recherches sur les préparations et les combinaisons de l'antimoine, du soufre, de l'opium, du mercure ; par ses analyses sur toutes les plantes odorantes et inodores usitées en pharmacie ; par ses intéressantes études sur les aliments, notamment sur les moyens d'utiliser les marrons d'Inde et d'en faire une fécule propre à la panification.

Baumé a publié de nombreux ouvrages, mémoires ou articles, parmi lesquels nous citerons : *Plan d'un cours de chimie expérimentale*, Paris, 1757, in-8°. — *Dissertation sur l'éther*, Paris, 1757. — *Manuel de chimie*, Paris, 1768. — *Mémoire sur les argiles*, 1770. — *Chimie expérimentale et raisonnée*, Paris, 1773 (3 vol. in-8°). — *Éléments de pharmacie théorique et pratique*, Paris, 1773, 1 vol. in-8° ; ce dernier ouvrage eut, en peu de temps, 8 éditions. — *Opuscules de chimie*, Paris, 1798, 1 vol. in-8°. Plusieurs mémoires insérés dans l'ancien *Journal de médecine*, dans le *Journal de physique*, dans les *Annales de chimie*, etc., et une trentaine d'articles dans le *Dictionnaire des arts et métiers*.

MÉDAILLON DE LAVOISIER

Lavoisier (Antoine-Laurent), créateur de la chimie moderne, naquit à Paris le 16 août 1743, d'une famille de riches négociants. Après avoir fait de brillantes études au collège Mazarin, laissé libre sur sa vocation, il se livra avec ardeur à l'étude des sciences, apprenant l'astronomie près de l'abbé de la Caille, la chimie près de Rouelle, et la botanique avec B. de Jussieu.

En 1763, il avait alors 20 ans, il remporta un prix à l'Académie des sciences pour un *Mémoire sur le meilleur système d'éclairage de Paris*, qu'il publia après une série d'expériences faites dans une chambre obscure dans laquelle il eut le courage de rester enfermé pendant deux mois. Il présenta à l'Académie un autre *Mémoire sur les couches des montagnes*, et fut admis comme associé dans ce corps en 1768.

Puis, désirant la fortune, comme moyen de se livrer aux sciences d'une manière indépendante, Lavoisier sollicita et obtint une charge de fermier général en 1769. Il fit alors deux parts dans sa vie, consacrant la première aux devoirs de son administration, et employant la seconde à des recherches scientifiques auxquelles il travaillait le matin et le soir, et un jour spécial de la semaine. Ce jour, dit Cuvier, « était pour

Lavoisier celui du bonheur. Dès le matin, il réunissait dans son laboratoire quelques amis éclairés dont il recherchait la coopération; il y admettait même des jeunes gens en qui il avait reconnu de la sagacité, et les ouvriers les plus habiles à fabriquer des instruments exacts. Dans ces conférences, il faisait part de ses plans aux assistants avec une grande netteté; chacun apportait ses idées sur les moyens d'exécution; et tout ce qu'on imaginait de plausible était mis à l'épreuve. C'est ainsi que naquit, par degrés, la nouvelle théorie chimique, qui a fait, de la fin du dix-huitième siècle, une des époques les plus remarquables de l'histoire des sciences. »

Ce fut en effet en 1772, que Lavoisier jeta les premiers fondements de la théorie chimique dans la note célèbre qu'il communiqua à l'Académie des sciences, et dans laquelle il annonçait que *certains corps augmentent de poids en brûlant, et que les chaux non métalliques calcinées avec du charbon laissent dégager un fluide élastique.*

On vit alors se succéder une série de découvertes, de travaux, de mémoires dans lesquels se trouvent successivement abordées toutes les grandes questions de la chimie, et qui devaient entraîner la ruine complète de la théorie du phlogistique inaugurée par le chimiste allemand Stahl.

Tous les travaux de Lavoisier, dont l'illustre M. Dumas a tracé un si éloquent tableau, dans ses *Leçons de philosophie chimique*, se suivent avec une logique admirable et un ordre merveilleux. *Rien ne se perd, rien ne se crée*, voilà sa devise; la matière peut être modifiée dans sa forme, mais jamais altérée dans son poids. Puis, mettant la balance au service de cette pensée féconde, elle devient entre ses mains un réactif infaillible qui devait et pouvait seul révolutionner la chimie. Parmi ses nombreux travaux, nous citerons la découverte de l'oxygène qu'il fit en même temps que Priestley, et qui devint la base de sa théorie, désignée sous le nom de *doctrine pneumatique* et qui renouvela la face de la science ; celle de l'acide carbonique ; l'analyse et la synthèse de l'air en 1777 ; celle de l'acide carbonique, celle de l'eau et celle des matières organiques, qui lui permirent d'expliquer la respiration, la combustion et la fermentation. Ce fut pour consolider la doctrine pneumatique, dont les principes, adoptés en France, se répandirent bientôt dans toute l'Europe savante, que Lavoisier, de concert avec Guyton de Morveau, Fourcroy et Berthollet, créa la *Nomenclature chimique* qu'il contribua si puissamment à propager par la publication de son admirable *Traité de chimie*, 1789, 2 vol. in-8°.

En outre de ces grandes découvertes chimiques, Lavoisier nous a laissé une très belle étude de la chaleur, un travail sur les chaleurs spécifiques exécuté en 1780 avec Laplace, et des recherches très importantes sur la chaleur latente.

Ce n'est pas seulement par ses découvertes scientifiques, mais c'est encore par ses vertus et ses talents d'administrateur que Lavoisier mérite d'être placé au rang des bienfaiteurs de l'humanité. C'est à lui que les Israélites de Metz durent d'être affranchis d'une taxe ou *avanie* à laquelle ils étaient soumis depuis le commencement du seizième siècle. Ce fut lui qui, le premier, sous Louis XVI réclama la diminution générale des impôts. Placé par Turgot, en 1776, à la tête de la régie des poudres, il fit cesser les fouilles forcées et périodiques qu'on pratiquait dans les caves de tous les particuliers, afin de recueillir la couche abondante de

terre salpêtrée qu'on employait exclusivement alors
pour l'extraction du salpêtre. Il publia, à ce sujet,
une *Instruction sur les nitrières et sur la fabrication du
salpêtre*, qui a longtemps servi de guide professionnel.
En 1788, il fut attaché à la caisse d'escompte, et devint,
en 1780, membre de la Commission des poids et mesures. Nommé, en 1791, commissaire de la trésorerie
nationale, il demanda, comme une grâce, dans une
lettre célèbre qu'il écrivit au ministre des finances
Delessert, la permission de remplir gratuitement les
nouvelles fonctions qui lui étaient confiées, disant que
les modiques émoluments dont il jouissait, comme
receveur des poudres, convenaient parfaitement à sa
manière de vivre, à ses goûts et à ses besoins. Ce fut
la même année qu'il fit connaître ses vues sur l'économie politique, dans un *Traité de la richesse territoriale de
la France*, ouvrage remarquable dont l'Assemblée
constituante décréta l'impression aux frais de l'État.

Une mort terrible et prématurée arrêta le cours de
ses travaux, au moment où il les recueillait tous pour en
former un seul ouvrage. Le 2 mai 1794, le convention-
nel Dupin, ancien domestique de la maison de
M. Paulze, fermier général et beau-père de Lavoisier,
amené par la faveur populaire à siéger sur les bancs
de la Convention, déposa un acte d'accusation contre
tous les fermiers généraux auxquels il faisait remonter
la responsabilité de tous les abus financiers et de
toutes les exactions qui, sous l'ancien régime, avaient
pendant tant de siècles pesé sur le tiers-état. Lavoisier
vint lui-même se constituer prisonnier ; le 6, il fut en-
veloppé dans l'arrêt de mort prononcé contre sa compagnie par le tribunal révolutionnaire, et le 8 mai
1794, malgré la protestation courageuse du citoyen
Hallé, malgré les services qu'il avait rendus à la science

et à la civilisation, il monta sur l'échafaud, sans pouvoir obtenir de ses juges le sursis qu'il avait demandé, pour terminer quelques expériences et mettre en ordre tous ses papiers. Lorsque, le lendemain, le mathématicien Lagrange apprit la fatale nouvelle, on dit que, frémissant de douleur et d'indignation, il s'écria : « Un instant leur a suffi pour faire tomber cette tête, et cent ans ne suffiront pas pour en produire une semblable. »

Ainsi mourut à l'âge de cinquante ans, comme un martyr, l'homme dont le dévouement à l'humanité ne connaissait pas de bornes, le savant qui remplit de sa gloire le monde civilisé et qui fut l'un des plus grands génies que la France ait produits.

Les œuvres de Lavoisier, éparses dans différents recueils, ont été réunies et publiées aux frais de l'État, sous la direction de M. Dumas. Elles forment 3 volumes in-4°, accompagnés de planches. Le premier volume, paru en 1864, contient le Traité de chimie et les opuscules physiques et chimiques. Le deuxième renferme les mémoires de physique et de chimie. Dans le troisième, publié en 1865, on trouve les mémoires et rapports sur divers sujets de physique et de chimie pure et appliquée à l'histoire générale et à l'hygiène publique.

MÉDAILLON DE BERTHOLLET

Berthollet (Claude-Louis), célèbre chimiste, né le
9 décembre 1748, à Talloire, en Savoie, mort le 6 novembre 1822. Reçu docteur en médecine à Turin, où il
avait fait ses études, il quitta bientôt cette ville pour
venir à Paris et obtint, grâce au crédit du célèbre médecin genevois Tronchin, la place de médecin du duc
d'Orléans, position qui lui permit de se livrer à l'étude
de la chimie aux progrès de laquelle il contribua puissamment, par ses remarquables travaux.

Naturalisé Français en 1778, il fut successivement
membre de l'Académie des sciences (1780), commissaire du gouvernement pour les teintures (1784),
membre de la Commission des monnaies, de celle de
l'agriculture et des arts (1792), professeur de chimie
aux Écoles normale et polytechnique (1794), membre
de l'Institut (1795). Au retour de la campagne d'É-
gypte qu'il fit avec cette pléiade de savants qui accom-
pagnaient l'expédition, il fut élevé par Napoléon Ier
aux plus hautes dignités de l'empire : sénateur, comte,
grand-officier de la Légion d'honneur. Après la restauration, il fit partie de la Chambre des pairs. Il se
retira alors à Arcueil où il fonda la Société désignée
sous le nom de *Société chimique d'Arcueil*. Entouré d'é-

lèves distingués, au nombre desquels on compte Gay-Lussac, dont il dirigeait les travaux, Berthollet continua ses savantes recherches jusqu'à l'époque de sa mort.

« Quelque grande et quelque heureuse qu'ait été la carrière de Berthollet, disait Cuvier dans l'éloge historique qu'il prononça, le 7 juin 1824, à l'Académie des sciences sur cet illustre savant, son histoire n'en est pas moins uniforme et toute scientifique. Témoin des événements les plus surprenants, porté par eux dans des climats lointains, élevé à de grandes places et à des dignités éminentes, tout ce monde extérieur est pour lui peu de chose, en comparaison de la vérité, ou même d'une vérité. Particulier, académicien, sénateur, pair de France, il n'existe que pour méditer et pour découvrir. »

Berthollet fut en effet un de ces esprits actifs pour lesquels le travail est un besoin impérieux, et qui, loin de s'arrêter à un résultat acquis, n'y trouvent qu'un stimulant de plus, pour en poursuivre de nouveaux. Aussi, le nombre de ses travaux est-il considérable : Il a concouru avec Lavoisier, Guyton de Morveau et Fourcroy à constituer la *nomenclature chimique* ; il a formulé les lois désignées en chimie sous le nom de *Lois de Berthollet* ; il a découvert l'argent fulminant, la poudre détonante de chlorate de potasse, la composition de l'ammoniaque, les propriétés décolorantes du chlore et leur application au blanchiment des toiles ; il a fait d'importantes recherches sur l'acide prussique, l'hydrogène sulfuré, le natron et la teinture ; enfin il a publié, en outre de nombreux mémoires insérés dans les recueils scientifiques de l'époque, particulièrement dans ceux de l'Académie des sciences, de l'Institut de France, de celui d'Égypte, de la Société d'Arcueil, les

Annales de chimie, les ouvrages suivants : 1° *Éléments de l'art de la teinture*, 2 vol. in-8°, 1791, 1804, traduits en anglais et en allemand. — 2° *Recherches sur les lois de l'affinité*, 1801, in-8°. — 3° *Discours préliminaire et notes à la traduction française du système de chimie de Thompson*, 2 vol. in-8°, 1809. — 4° *Cours de chimie des substances animales*, imprimé dans le *Journal de l'École polytechnique*. — 5° *Statique chimique*, 2 vol. in-8°, 1803. Ce dernier ouvrage que les Anglais, les Allemands et les Italiens s'empressèrent de s'approprier est l'œuvre capitale de Berthollet et l'un de ceux qui honorent le plus la chimie française.

MÉDAILLON DE CHAPTAL

Chaptal (Jean-Antoine), comte de Chanteloup, né le 5 juin 1756 à Nozaret (Lozère), mort à Paris en 1832, fut à la fois chimiste, professeur, écrivain, homme d'État, fabricant et agronome.

Reçu docteur en médecine à Montpellier, il fut appelé, en 1781, à la chaire de chimie de cette ville, et créa une fabrique de produits chimiques, qui acquit bientôt une réputation européenne. Les états du Languedoc, qui avaient fondé cette chaire de chimie pour Chaptal, et qui le consultaient sur toutes les questions relatives à l'agriculture, au commerce et aux arts, obtinrent pour lui, en 1787, le cordon de Saint-Michel et des lettres de noblesse. L'Espagne, les États-Unis, Naples, lui firent des offres séduisantes, mais il les refusa pour se consacrer tout entier au service de la France.

En 1793, pendant les orages de la révolution, et lorsque la France avait à se défendre contre les forces de l'Europe coalisée contre elle; les procédés ordinaires de fabrication ne suffisant pas pour fournir aux besoins de poudre et de salpêtre, il fallut en créer de nouveaux et de plus expéditifs. Chaptal, désigné par le comité de salut public pour diriger cette opération, déploya dans ses fonctions une activité telle qu'il put faire fabriquer, à la seule poudrerie de Grenelle, 35 milliers de poudre par jour.

Nommé professeur de chimie à l'École polytechnique au moment de sa fondation, Chaptal revint quelque temps après à Montpellier pour organiser l'école de médecine de cette ville, où il occupa la chaire de chimie. Élu membre de l'Institut en 1797, il se détermina à habiter définitivement Paris, où il fonda de grands établissements de produits chimiques.

Après le 18 brumaire, il fit partie du conseil d'État, devint ministre de l'intérieur, et signala son administration par un grand nombre de mesures utiles, telles que la création du Conseil général des hospices, le rappel des sœurs de charité dans les hôpitaux, la réorganisation des monts de piété, la création de la société de vaccine, la réforme du régime des prisons, l'établissement des bourses et des chambres de commerce, des chambres consultatives des arts et manufactures, etc.

Au sortir du ministère (1804), il fut nommé sénateur, et bientôt après, grand dignitaire et trésorier du sénat. En 1814, l'empereur le nomma commissaire extraordinaire à Lyon pour organiser les moyens de résister à l'invasion étrangère, et lui confia, pendant les Cent jours, la direction générale du commerce et des manufactures.

Sous la restauration, Chaptal fut compris dans la réorganisation de l'Institut (1816), devint membre du Conseil général des hospices (1817), pair de France (1819) et membre du Conseil des prisons et du Conseil d'agriculture. Il fut aussi l'un des fondateurs et le président de la société d'encouragement pour l'industrie nationale.

Chaptal, qui a rendu de si grands services à la nation, dans les différentes fonctions qu'il a occupées et qu'il a toujours si dignement remplies, a fait de nombreuses applications de la chimie aux arts, et a publié beaucoup d'ouvrages remarquables par la méthode, la clarté et l'élégance du style. On lui est redevable de la fabrication de l'alun artificiel, du salpêtre, des ciments remplaçant les pouzzolanes d'Italie par les terres ocreuses calcinées, de l'art de teindre le coton en rouge d'Andrinople; du blanchiment à la vapeur ; de perfectionnements dans la fabrication de l'acide sulfurique et des savons, dans les vernis des poteries.

Ses ouvrages sont : *Tableau analytique du cours de chimie*, Montpellier, 1783, 1 vol. in-8°. — *Éléments de chimie*, 1790, 3 vol. in-8°, qui furent traduits dans toutes les langues, et qui eurent quatre éditions successives. — *Traité des salpêtres et goudrons*, 1796, 1 vol. in-8°. — *Tableau des principaux sels terreux et substances terreuses*, 1798, in-8°. — *Essai sur le perfectionnement des arts chimiques en France*, 1800. — *Essai sur le blanchiment*, 1801. — *L'Art de faire les vins*, 1801 et 1819, 1 vol. in-8°, ouvrage classique qui opéra une révolution dans l'art œnologique. — *Traité théorique et pratique de la culture de la vigne*, 1801 et 1811, 2 vol. in-8°. — *Chimie appliquée aux arts*, 1807, 4 vol. in-8°, traduit dans toutes les langues. — *Art de la teinture du coton en rouge*, 1807, in-8°. — *Art du teinturier et du dégraisseur*, 1808, in-8°. — *Chimie appliquée à l'agriculture*, 1823, 2 vol. in-8°. — Un grand nombre de mémoires, insérés dans les *Mémoires de l'Institut* (Académie des sciences), dans les *Annales de chimie*, le *Nouveau Dictionnaire d'agriculture*, *sur la fabrication de l'acétate de cuivre, la culture de la barille, l'usage des oxydes de fer dans la teinture sur coton, l'analyse de diverses soudes, la fabrication du sucre de betteraves*, etc., etc.

MÉDAILLON DE LAUGIER

Laugier (André), chimiste et pharmacien, né à Paris en 1770, mort en 1832, fut élève de Fourcroy, son parent, et de Vauquelin. Nommé pharmacien major à l'armée d'Égypte, il resta attaché à l'hôpital militaire d'instruction de Toulon où il fit des cours de chimie et de botanique. De 1779 à 1802, il professa la chimie à l'hôpital militaire d'instruction de Lille, devint ensuite suppléant de Fourcroy au muséum d'histoire naturelle et finit par le remplacer. Lorsque l'école de pharmacie fut réorganisée, il fut chargé du cours de minéralogie qu'il professa jusqu'en 1811. Il fut alors nommé vice-directeur de cette école, et succéda plus tard à Vauquelin comme directeur.

Laugier a fait sur les minéraux de nombreuses analyses, très exactes, qui ont servi de types à Berzélius pour établir son système de minéralogie. Il a fait de très intéressants mémoires sur les aérolithes, les calculs vésicaux, les concrétions arthritiques, l'acide mucique, qui ont été insérés dans les Annales du Muséum, les Annales de chimie, le Journal de pharmacie. On a de lui : *Leçons de chimie générale*, 1828, 2 vol. in-8°.

MÉDAILLON DE SÉRULLAS

Sérullas (Georges-Simon), chimiste, né en 1774, à Poncin (Ain), mort en 1832, était le fils d'un notaire, et fut l'un des hommes dont peut, à juste titre, s'enorgueillir le corps des officiers de santé militaires.

Il commençait ses études pharmaceutiques à Bourg en 1793, sous le docteur Buget, lorsqu'il fut appelé au service des hôpitaux militaires. Distingué par ses chefs Laubert, Bayen et Parmentier, il obtint à l'âge de 19 ans, le grade de pharmacien-major. Après avoir participé à toutes les guerres de l'empire, il devint pharmacien en chef et professeur de chimie à l'hôpital militaire de Metz en 1814, puis au Val-de-Grâce à Paris, remplaça Vauquelin à l'Académie des sciences en 1829, et fut nommé officier de la Légion d'honneur. Il mourut le 26 mai 1832, emporté par le choléra. Ses obsèques furent faites aux frais de l'État.

Sérullas a fait de nombreux et importants travaux qui ont été insérés dans les *Annales de physique et de chimie*, les *Mémoires de l'Académie des sciences*, etc., etc. C'est lui qui a créé les iodures de carbone et de cyanogène, les bromures et chlorures de cyanogène, l'éther bromhydrique; isolé l'acide cyanique; complété l'histoire des acides chlorique, perchlorique,

iodique, de l'iodure et du chlorure d'azote; montré
que l'acide iodique fait découvrir dans un liquide les
plus petites quantités de morphine, et qu'il précipite
de leurs dissolutions alcooliques les autres alcalis
végétaux; étudié les chlorates de ces mêmes alcalis;
constaté l'acétification de l'alcool absolu par l'acide
chlorique pur; signalé dans l'acide perchlorique un
agent précieux pour séparer la potasse de la soude;
fait connaître le bromure de silicium, le bromhydrate
d'hydrogène phosphoré; appris à préparer plus aisé-
ment l'iodhydrate d'hydrogène phosphoré. Ce fut lui
enfin qui fut chargé par Parmentier de la préparation
du sirop de raisin, destiné à remplacer le sucre
étranger que le blocus continental empêchait de
pénétrer en France.

Sérullas, dont la vie tout entière s'est passée à instruire ses semblables ou à les soulager, et dont la
maxime favorite était : *Travailler toujours et faire le
plus de bien possible*, fut un savant obscur, modeste,
qui rendit les plus grands services à la science et à
l'humanité, et qui mérite d'être placé au premier
rang, parmi les plus illustres pharmaciens militaires.

MÉDAILLON DE THÉNARD

Thénard (Louis-Jacques), célèbre chimiste, né à Louptière près Nogent-sur-Seine (Aube) le 4 mai 1777, de parents fort pauvres, mort à Paris en 1857.

Après avoir fait des études classiques très incomplètes, sous la direction du curé de la paroisse et sous celle du docte Père Bardin (oracle de ces contrées, dit Flourens), il vint à Paris en 1794, avec deux de ses amis, pour y compléter son instruction. Obligé, pour vivre, de faire des miracles de tactique et d'économie, il suivit avec assiduité les cours de Fourcroy et de Vauquelin. S'étant aperçu que, malgré son attention, il ne comprenait rien aux leçons de ces deux célèbres professeurs, Thénard résolut d'entrer dans le laboratoire de Vauquelin. Il se présenta à cet effet à ce savant, auquel il exposa son désir ardent d'apprendre et l'état précaire de sa situation pécuniaire qui ne lui permettait pas de payer la rétribution mensuelle, exigée par Vauquelin alors pauvre, de tous les élèves qui voulaient être admis chez lui.

Vauquelin allait refuser de recevoir Thénard, lorsque l'une de ses sœurs, frappée de l'air intelligent du jeune solliciteur, lui dit : « Tu devrais prendre ce garçon, il est gentil et pas fier ; il soignerait notre pot-au-

feu que tous les muscadins laissent trop bouillir. »
Vauquelin cède, et grâce à cette leçon de chimie pratique, Thénard est accepté. « Je n'ai jamais été assez
ingrat, disait-il plus tard, pour oublier qu'un pot-au-
feu qui bout ne fait que de la mauvaise soupe. »

Thénard passa trois ans au laboratoire de son maître, sans que le plus léger sourire de fortune vînt modifier les sévères conditions de son existence, lorsque
Vauquelin le fit admettre comme professeur dans une
institution. Dès lors l'ambition de Thénard se réveille;
il rêve une chaire dans le haut enseignement et songe
à réformer les défauts de son accent champenois et
de son élocution rustique ; et pour cela, il se met à
fréquenter la Comédie Française où il allait entendre
les interprètes de Corneille et de Racine, toutes les
fois, dit Flourens, « que son estomac se prêtait à une
abstinence assez longue pour qu'il pût réunir trente
sols. »

Son éducation oratoire était à peine commencée,
que Vauquelin lui dit un jour : « Je suis obligé de me
rendre à Rouen ; mon cours est commencé ; rempla-
cez-moi. » Thénard accepte, fait une leçon passable,
s'enhardit aux suivantes, et à la cinquième, alors que,
plus maître de son sujet, il tente de promener son re-
gard dans la salle, il aperçoit dans un coin Vauquelin
et Fourcroy qui sourient à ses efforts. A cette vue, il
pâlit, et prend la fuite. Le voyage de Rouen n'était
qu'une feinte pour donner à Thénard l'occasion de se
produire et de le faire nommer répétiteur à l'École
polytechnique ; ce qui eut lieu en effet.

A partir de ce moment, se voyant en possession d'un
peu de temps et d'un peu d'aisance, Thénard put se
livrer au travail, présenta en 1799, à la classe des
sciences de l'Institut, son premier mémoire, et acquit

rapidement la réputation d'un des plus habiles chimistes de son temps.

Il devint depuis professeur au Collège de France (1802), professeur à la Sorbonne, membre de l'Institut (1810), professeur à l'Ecole polytechnique (1810), membre du Comité consultatif des manufactures (1814), membre de la Légion d'honneur (1815), doyen de la Faculté des Sciences (1820). Créé baron par Charles X (1825), il fut envoyé par le département de l'Yonne à la Chambre des députés où il siégea de 1828 à 1832, devint pair de France en 1832, et chancelier de l'Université en 1842.

Comme professeur, Thénard a contribué, plus que tout autre, à populariser le goût des sciences chimiques et à multiplier les applications de la chimie à l'industrie et aux beaux-arts. On peut dire que presque toute l'Europe a appris de lui la chimie, et que la plupart des grands chimistes français et étrangers s'honorent aujourd'hui, en lui rendant hommage de leur savoir (Flourens).

On a de lui un *Traité élémentaire de chimie théorique et pratique*, qui a régné seul dans les écoles pendant plus de vingt-cinq ans, a eu 6 éditions, et a été traduit dans toutes les langues. Ses travaux de laboratoire ont été nombreux, et il a écrit depuis 1800, un nombre considérable de mémoires, disséminés dans les *Annales de chimie* (4ᵉ série); les *Annales de chimie et de physique* (2ᵉ et 3ᵉ série), les *Mémoires de l'Académie des sciences*, les *Mémoires de la Société d'Arcueil*.

Ses recherches faites en commun avec son ami Gay-Lussac ont paru en 1811, en 2 volumes in-8°, sous le nom de *Recherches physico-chimiques*. C'est dans ce magnifique ouvrage, que furent publiées les curieuses recherches des deux savants, sur le bore, l'extraction du potassium et du sodium, la nature du chlore, des acides fluorique et fluoborique, l'analyse élémentaire des matières organiques, etc., etc.

Seul, Thénard a publié d'intéressants travaux sur les éthers, l'acide sébacique, le dosage de l'acide carbonique de l'air, etc... Plus tard, il découvrit l'eau oxygénée ou peroxyde d'hydrogène, qui est devenu le point de départ de toutes ces singulières actions réunies sous le nom de *phénomène de contact*, dont il agrandit encore le cadre par sa belle étude du polysulfure d'hydrogène et par les recherches, faites en collaboration avec Dulong, sur la propriété dont jouissent certains corps de favoriser la combinaison des fluides élastiques. Dans les derniers temps de sa vie, il revint sur cette question, et le 27 août 1855 il communiquait à l'Académie des sciences, un résumé des expériences entreprises par lui et son fils Paul Thénard, sur les corps dont la décomposition s'opère sous l'influence de la force appelée par Berzélius *force catalytique*.

Dans l'ordre des applications industrielles, Thénard est l'inventeur, en commun avec Roard, d'un procédé ingénieux pour la fabrication de la céruse; de la méthode encore suivie, pour épuiser les huiles d'éclairage; d'une belle couleur bleue minérale, à base de cobalt, pour les peintures à l'huile, qui lui avait été commandée par Chaptal; d'un mastic hydrofuge pour conserver les magnifiques peintures de la coupole du Panthéon dues au pinceau de son ami, le célèbre peintre Gros, etc., etc.

Thénard a glorieusement terminé sa carrière en fondant le 2 mars 1857, la *Société des amis des sciences*. A quatre-vingts ans, après lui avoir fait un legs considérable, après y avoir associé tous ses amis, il s'éteignit en en murmurant les statuts : « J'espère, disait-il, avoir formé un faisceau que rien ne devra plus rompre. J'espère que ceux qui cultivent les sciences, ceux même qui seulement en sentent le prix, resteront unis pour le protéger. »

Une statue a été élevée à Thénard sur l'une des places de la ville de Sens. Ce monument de la reconnaissance et de l'admiration publique a été inauguré le 27 juillet 1861, sous la présidence de M. Dumas, en présence du ministre de l'instruction publique, des députations des corps savants et d'une foule d'élite accourue pour rendre hommage à la mémoire du savant dont Flourens, son panégyriste, a dit : « Orphelins, veuves, débutants pauvres, saluez tous de vos accents reconnaissants, la tombe de cet homme de bien dont les dernières pensées furent pour vous. »

MÉDAILLON DE GUIBOURT

Guibourt (Nicolas-Jean-Baptiste-Gaston), né à Paris en 1790, mort en 1867, entra comme élève à l'âge de 16 ans à la pharmacie Boudet. Quelques années plus tard, après avoir été interne en pharmacie et lauréat de l'École de pharmacie, il fut nommé directeur des magasins de la pharmacie centrale des hôpitaux. En 1816, il se faisait recevoir pharmacien, et soutenait à ce sujet une thèse très remarquable sur le mercure et ses combinaisons avec l'oxygène et le soufre. Nommé membre de l'Académie de médecine en 1824, professeur de matière médicale à l'École de pharmacie en 1832, il devint secrétaire agent comptable de la même école et fut promu officier de la Légion d'honneur le 14 août 1863.

Guibourt a publié les ouvrages suivants : *Thèse sur le mercure et ses combinaisons avec l'oxygène et le soufre*, 1816. — *Histoire abrégée des drogues simples*, 1820, 4ᵉ édition, 1849-51, 4 vol. in-8°. — *Observations de pharmacie et d'histoire pharmaceutique*, avec Béral, 1838, in-8°. — *Pharmacopée raisonnée ou Traité de pharmacie pratique et théorique*, avec N.-E. Henry, 1824, 2 vol. in-8°, 3ᵉ édition, 1840, gr. in-8°, 22 planches. — *Mémoire sur les astringents connus sous le nom de cachous, Gambirs et Kinos*, 1847. — *Manuel légal du pharmacien*, 1852 ; ainsi qu'un grand nombre d'articles dans le *Dictionnaire de médecine et de chimie pratiques*.

Guibourt, dont l'existence tout entière a été consacrée au bien et à la science, s'est acquis par ses travaux distingués et ses constantes études la renommée d'un savant habile en matière médicale et en pharmacie. Dans ses cours, il cherchait la précision plus que l'éloquence, et intéressait autant par la clarté de ses descriptions que par la variété de ses connaissances. Ennemi de l'intrigue et du charlatanisme, il fit partout preuve de l'esprit le plus droit, le plus consciencieux et le plus bienveillant ; nul n'a été plus honnête, nul n'a poussé plus loin la religion du devoir, l'amour de la vérité, l'exercice de toutes les vertus. (*Discours de M. Mialhe aux obsèques de Guibourt.*)

MÉDAILLON DE VALENCIENNES

Valenciennes (Achille), célèbre naturaliste, né à Paris le 9 août 1794, mort le 15 avril 1865. Après avoir fait des études brillantes au collège de Rouen où il avait obtenu une bourse, grâce à la protection de Fourcroy, il se disposait à concourir pour l'Ecole polytechnique, lorsque son père, aide de Daubenton, vint à mourir. Obligé de changer ses projets, il accepta une place de préparateur qui lui fut offerte au Muséum d'histoire naturelle, et contribua par ses faibles appointements à l'entretien de sa mère et de ses quatre sœurs. E. Geoffroy Saint-Hilaire, dont il était devenu l'un des préparateurs, le fit bientôt placer près de Lamarck, qui commençait alors la rédaction de son *Histoire des animaux sans vertèbres*, et qui fit classer par son nouvel aide les zoophytes et les mollusques du Muséum. Quand Lamarck eût perdu la vue, ce fut Valenciennes qui rédigea les familles des Cardium, des Vénus et des Térébratules. En même temps, il étudiait les mammifères, classait la collection des oiseaux et s'exerçait à disséquer. Lacépède s'attacha ensuite Valenciennes comme aide-naturaliste, qui eut dès lors à s'occuper des reptiles, des poissons. Il avait ainsi passé en revue le règne animal à peu près en entier. Cuvier, qui avait remarqué le zèle et les connaissances du jeune aide-naturaliste, l'avait pris sous sa protection spéciale, et lorsqu'en 1817, il se détermina à entreprendre l'histoire générale des poissons, il s'adjoignit Valenciennes à titre de collaborateur avoué.

Cette association fut le point de départ de la fortune de Valenciennes. Chargé par Cuvier de rassembler tous les matériaux nécessaires pour l'histoire des poissons, il parcourut toute l'Europe, allant d'université en université, de collection en collection, recueillant des dessins et des notes, négociant des échanges, obtenant des envois gratuits. Il rapporta de ses courses des documents précieux, et noua des relations qui devaient plus tard le servir admirablement lorsqu'il s'occupa d'agrandir les collections placées sous sa direction. D'ailleurs, dans tous ses voyages, il avait pour passe-port les noms de Cuvier et d'Alexandre de Humboldt. Il avait fait la connaissance de cet illustre savant en 1816, et l'aida à faire connaître une partie des richesses zoologiques qu'il avait recueillies dans son exploration de l'Amérique équinoxiale, en traduisant les *Observations de zoologie* qu'il avait publiées.

Nommé maître de conférences à l'École normale en 1830, professeur au Muséum en 1832, il entra à l'Académie des sciences en 1844, dans la section d'anatomie et de zoologie, comme successeur d'Et. Geoffroy Saint-Hilaire, et obtint la chaire de zoologie à l'École supérieure de pharmacie de Paris, qu'il a conservée jusqu'à sa mort. Il était en outre officier de la Légion d'honneur.

Valenciennes a consacré la plus grande partie de sa vie simple, calme et laborieuse à classer, d'une manière méthodique et fort remarquable, les différentes collections du Muséum d'histoire naturelle. Il s'est particulièrement attaché à augmenter les collections des coquilles, des polypiers, des spongiaires, des échinodermes, des helminthes, des mollusques, qui ont acquis sous cet illustre savant un accroissement prodigieux.

On a de lui : *Histoire naturelle des poissons*, commencée avec Cuvier et terminée par Valenciennes après la mort du maître (1829-1849), 11 vol. in-8°. — *Histoire naturelle des mollusques, des annélides et des zoophytes* (1833) in-8°. — *Le Comte Lacépède* (1859), in-4°. De nombreux mémoires, recherches et observations d'histoire naturelle fournis à divers recueils ou insérés dans les mémoires du Muséum et de l'Académie des sciences. Il a travaillé aussi au *Voyage autour du monde* de Dupetit-Thouars et au *Dictionnaire d'histoire naturelle* de D'Orbigny.

MÉDAILLON DE LIEBIG

Liebig (Justus, baron de), célèbre chimiste allemand, né le 12 mai 1803 à Darmstadt, mort à Munich le 18 avril 1873. Après avoir terminé ses études au gymnase de sa ville natale, il fut placé à Heppnheim, dans une pharmacie dans laquelle il ne resta que dix mois, et habita successivement Bonn et Erlangen où il continua ses études. Envoyé à Paris aux frais du gouvernement, pour s'y perfectionner dans la chimie, il y resta deux années (1822, 1823), pendant lesquelles il se mit en rapport avec les plus savants chimistes français : Gay-Lussac, Pelouze, Thénard, Dumas, etc., etc. Il présenta à l'Académie des sciences un *Mémoire sur l'acide fulminique*, qui attira sur lui l'attention de Al. de Humboldt; et, ce fut grâce à la protection de ce savant, que Liebig fut nommé en 1824 professeur adjoint de chimie à l'Université de Giessen. Il devint, en 1836, professeur titulaire, et fit, pendant vint-cinq ans, des cours qui donnèrent une grande importance à cette petite université. Il y établit, avec le concours et sous le patronage du gouvernement, le premier laboratoire-école que l'Allemagne ait possédé; et Giessen devint, grâce à lui, un foyer scientifique où l'on vit accourir de nombreux élèves de tous les pays.

Nommé en 1850 professeur à Heidelberg, en remplacement de Gmelin, il devint en 1852, professeur de chimie à l'université de Munich et conservateur du laboratoire de chimie de cette ville. En 1845, le grand-duc de Hesse conféra à ce savant le titre de baron, et en 1861, il fut élu associé étranger de l'Académie des sciences de Paris, en remplacement de Liedmann.

Liebig, qui est regardé comme une des plus puissantes intelligences scientifiques de notre époque et comme l'un des créateurs de la chimie organique, a publié de nombreux mémoires insérés dans les grands recueils de chimie et de pharmacie de l'Allemagne et qui ont été traduits dans nos *Annales de chimie et de physique*. Il a donné, en collaboration avec Poggendorf, un *Dictionnaire de chimie* (Brunswick, 1837, 1851, 5 vol.) avec un supplément (1850-1852) ; et en collaboration avec Geiger, un *Manuel de pharmacie* (Heidelberg, 1839). La partie de cet ouvrage relative à la chimie organique, entièrement due à Liebig, a été publiée à part, par un de ses plus brillants élèves, Gerhardt, sous ce titre : *La chimie organique appliquée à la physiologie animale et à la pathologie* (Paris, 1842, in-8°).

Liebig a publié en outre : *Chimie organique appliquée à la physiologie végétale et à l'agriculture*, traduite par Gerhardt, 1844, in-8°. — *Manuel pour l'analyse des substances organiques*, traduit par A.-J.-L. Jourdan, et suivi de l'examen critique des procédés et des résultats de l'analyse des corps organisés par J.-V. Raspail (Paris 1838, in-8°). — *Traité de chimie organique*, traduit par Gerhardt (1841, 1844, 3 v. in-8°). — *Introduction à l'étude de la chimie*, traduite par Bichon (Paris, 1843). — *Lettres sur la chimie considérée dans ses rapports avec l'industrie, l'agriculture et la physiologie, et nouvelles lettres sur la chi-*

mie traduction de Gerhardt (Paris, 1852, 2 vol. in-12).
— *Lettres sur l'agriculture moderne*, traduites par le
D^r Th. Swarts (Bruxelles, 1862). — *Les lois naturelles de
l'agriculture*, traduites en français par M. A. Scheler
(Bruxelles, 1864, 2 vol. in-8°), etc., etc.

MÉDAILLON DE GERHARDT

Gerhardt (Charles-Frédéric), chimiste français, né à Strasbourg, le 21 février 1816, mort en 1856, fit ses études au gymnase protestant de sa ville natale, à l'école polytechnique de Calsrhue, et à l'université de Leipzig, puis alla se perfectionner dans l'étude de la chimie auprès de Liebig, à Giessen, où ce maître, alors dans le premier éclat de sa renommée, avait fondé une école justement célèbre, qui attirait de jeunes savants, venus de tous les pays du monde.

A son retour en France en 1841, il fut nommé professeur de chimie à la Faculté des sciences de Montpellier, en remplacement de Balard. Il occupa cette chaire jusqu'en 1848, et publia, dans l'intervalle, d'importantes recherches sur les huiles essentielles. S'étant démis volontairement de ses fonctions de professeur, il vint fonder à Paris un laboratoire de chimie pratique, continua ses travaux, et commença son grand *Traité de chimie organique*. En 1855, il accepta la double chaire de chimie à la Faculté des sciences et à l'École supérieure de pharmacie de Strasbourg, et fut nommé, le 21 avril 1856, membre correspondant de l'Académie des sciences.

Gerhardt doit être considéré comme un des chefs

de l'école moderne de chimie organique. Il est l'auteur d'une classification empreinte d'un grand esprit philosophique, et qui a permis de grouper les nombreux composés organiques sous un petit nombre de types et de familles, d'après l'ensemble des caractères et les analogies de constitution intime.

Indépendamment d'une quarantaine de mémoires qu'il a publiés seul, ou en collaboration avec Laurent ou Cahours, et qui sont imprimés dans les *Annales de chimie et de physique* (2ᵉ et 3ᵉ séries), on lui doit : *Précis de chimie organique* (Paris, 1844, 2 vol. in-8). — *Introduction à l'étude de la chimie par le système unitaire* 1848, 1 vol. in-18. — *Précis d'analyse chimique qualitative avec Chancel*, 1855, 1 vol. in 18. — *Traité de chimie organique, suite à la Chimie de Berzélius* (1853-1856, 4 vol. in-8°). — Il a également traduit en français divers ouvrages de Berzélius et de Liebig.

MÉDAILLON DE PELOUZE

Pelouze (Théophile-Jules), chimiste, né le 26 février 1807 à Valognes (Normandie), mort à Paris le 31 mai 1867, était le fils de Pelouze, qui, après avoir été directeur d'une fabrique de porcelaine à Valognes, passa successivement à la manufacture de Saint-Gobain, aux forges de Charenton, au Creuzot, à la Compagnie anglaise du gaz, et à d'autres compagnies moins importantes.

Entré comme élève en pharmacie à La Fère, chez M. Dupuy, et à Paris, chez Chevalier, professeur à l'École de pharmacie, Pelouze concourut ensuite pour le service des hôpitaux, et fut nommé interne à la Salpêtrière. Lorsque son service le lui permettait, il allait passer quelques heures auprès de son père, alors employé aux forges de Charenton.

En revenant d'une de ses visites, surpris au milieu de la route par une pluie torrentielle, il voit passer une voiture, contenant un seul voyageur ; il appelle le cocher qui fait la sourde oreille à la requête du jeune piéton mouillé. Celui-ci cependant court vivement, arrête le cheval, et apostrophe avec indignation l'automédon mal appris. Le voyageur de la voiture, qui était Gay-Lussac, intervient et permet à Pelouze de prendre place dans la voiture qu'il avait louée pour son usage personnel. La conversation s'engage, prend un tour scientifique, et comme conclusion d'une causerie qui sans doute ne lui déplaît pas, Gay-Lussac offre au jeune interne de la Salpêtrière de le recevoir dans son laboratoire.

Le premier pas, le pas décisif dans la carrière, est ainsi accompli par Pelouze, dit M. Dumas, non parce qu'il se trouve sur son chemin un hasard heureux, mais parce qu'il s'en rend digne, qu'il en comprend le prix, et qu'il sacrifie tout au désir de mettre à profit les exemples de son illustre maître.

Pelouze avait déjà publié quelques notes de chimie, lorsque Kuhlmann eut besoin d'un suppléant pour le cours de chimie dont l'avait chargé la municipalité de Lille. Désigné à son choix par Gay-Lussac, Pelouze fut nommé et s'empressa de se rendre dans le Nord. C'est de cette époque que datent ses premières recherches sur la composition et les propriétés du sucre indigène.

On le rappela bientôt à Paris pour suppléer Gay-Lussac à l'École polytechnique. En 1836, il fit un voyage en Allemagne, pendant lequel il se mit en relation avec Justus Liebig, et découvrit, en collaboration avec ce grand chimiste, l'*éther œnanthique*, qui donne aux vins leur bouquet.

Admis à l'Académie des sciences en 1837, il suppléa Thénard au Collège de France, remplaça M. Dumas à l'École polytechnique, et obtint enfin la chaire de Thénard, qu'il occupa jusqu'en 1851. Essayeur des monnaies dès 1833, il devint vérificateur des essais, et président de la commission des monnaies en 1848. Il fut aussi chimiste conseil de la manufacture de Saint-Gobain, membre du Conseil municipal de Paris, commandeur de la Légion d'honneur, membre des Académies de Berlin, Turin, etc. ; et le créateur d'un laboratoire-école où se sont formés des chimistes qui ont occupé depuis un rang très distingué dans la science.

Il est assez difficile d'analyser toutes les productions sérieuses de la vie active de Pelouze ; elles ne représentent pas moins de quatre-vingt-dix mémoires ou notes insérés dans les *Comptes rendus* de l'Académie des sciences et les *Annales de physique et de chimie*, la plupart dignes d'être considérées comme classiques. Voici cependant les principales : *Mémoire sur la composition et les propriétés du sucre indigène* (1831). — *Mémoire sur la conversion de l'acide prussique en ammoniaque et en acide formique.* — *Mémoire sur l'acide lactique, le tannin, l'acide gallique et ses dérivés ; sur l'acide malique et ses congénères ; sur l'acide tartrique et les produits obtenus par la distillation blanche ; sur les nitrosulfates.* — *Expériences sur le coton-poudre ou pyroxyle*, dont Pelouze a le premier entrevu l'utilité pour l'art militaire. — *Mémoire sur les fermentations*, dans lequel il étudie les fermentations visqueuse, lactique et butyrique. — *Étude sur les acides lactique et butyrique ; sur la dévitrification du verre.* — *Recherches sur le pétrole*, avec M. Cahours.

Il a publié, en collaboration avec M. Frémy, un important traité de *Chimie générale et analytique* (1853-1856, 6 vol. in-8°, 3ᵉ édition, 1860), et un abrégé du même (1869, 4ᵉ édit., 3 vol. in-12).

Pelouze a été pendant trente ans, dit M. Dumas, l'un des représentants les plus élevés de la science française. Toutes les Académies du monde savant, auxquelles il appartenait depuis longtemps, ont été profondément atteintes par sa mort ; son nom demeure inscrit dans leurs annales. Ses travaux classiques, ses découvertes, la part qu'il a prise dans la transformation de la chimie organique, lui assignent un rang qui ne sera jamais contesté, parmi les premiers et les plus éminents de ses fondateurs.

MÉDAILLON DE HUMPHRY DAVY

Davy (Sir Humphry), chimiste anglais, né à Pezance, dans le comté de Cornouailles, le 17 décembre 1778, mort à Genève en 1829, était le fils de Robert Davy, qui avait acquis une petite fortune dans la profession de sculpteur sur bois.

Après avoir passé son enfance à chasser, à pêcher, à débiter des harangues à ses camarades d'école, à faire des vers, etc., etc., Davy fut mis, à l'âge de quinze ans, en apprentissage chez M. Borlase, chirurgien et apothicaire à Pezance. Là, il devint sérieux, et se livra aux recherches chimiques avec une ardeur extrême. En 1797, il n'avait alors que dix-huit ans, il voulut déterminer de quelle espèce d'air sont remplies les vésicules des fucus, et il parvint à constater d'une manière aussi précise qu'un chimiste consommé l'aurait pu faire, que les plantes marines agissent sur l'air comme les plantes terrestres. Il adressa le résultat de ses observations au docteur Beddoès, le fondateur d'un établissement pneumatique situé près de Bristol. Le docteur Beddoès, frappé de l'intelligence de ce travail, appela Davy près de lui et lui confia bientôt la direction de son laboratoire. C'est dans l'institution pneumatique que Davy découvrit, en 1799, les propriétés du protoxyde d'azote, et les effets extraordinaires qu'il exerce sur certaines organisations. Il fit à cette époque la connaissance du comte de Rumfort, et ce fut grâce à sa protection, qu'il fut nommé professeur de chimie à l'Institut royal où il professa avec le plus grand talent et un succès considérable.

Nommé membre de la Société royale en 1803, et son secrétaire en 1806, chargé par le bureau d'agriculture d'enseigner les applications de la chimie à cette branche de l'économie publique ; fait chevalier en 1812 par le prince régent, créé baronnet en 1818, élevé au poste éminent de président de la Société royale en 1820, couronné par l'Institut de France en 1807, associé de ce corps savant en 1817 et de toutes les grandes académies, Davy reçut de sa patrie et de l'Europe entière les marques d'une estime qu'il eut peut-être le tort de ne pas accepter avec toute la modestie désirable, car il les regardait, dit un de ses biographes, comme un tribut payé à son génie, comme une dette sacrée qu'on s'empressait d'acquitter.

On raconte qu'ayant reçu un des plus vénérables membres de l'Institut de France, sans se lever de sa chaise, Napoléon Ier aurait dit de lui : « Il paraît que le petit Anglais vous tient tous en petite estime. » On aime à se rappeler à ce sujet que notre grand Berthollet, au lieu des manières arrogantes de Davy, avait coutume de dire : « Il ne suffit pas d'avoir du génie, il faut savoir se faire pardonner ses talents. »

Davy a fait de nombreux et importants travaux, consignés dans plus de soixante mémoires et écrits divers, et dans lesquels sont relatées ses principales découvertes. Son premier mémoire couronné par l'Académie impériale de France, malgré la guerre qui divisait la France et l'Angleterre, fut une création qui révéla les mystères de la décomposition de l'eau par la pile. Il y posait les bases de la théorie électro-chimique, créait un système d'idées tout nouveau, en assimilant les forces électriques aux forces chimiques, et trouvait dans la pile un nouveau moyen d'analyse, à l'aide duquel il enrichit la chimie d'un grand nombre de corps nouveaux. Il découvrit le potassium, le sodium, le calcium, le magnésium, etc.; appliqua sa théorie au doublage des vaisseaux, et dota les mineurs, en 1817, d'une lampe de sûreté qui leur a rendu les services les plus considérables.

Ses principaux ouvrages sont : *Philosophie chimique*, 1812, traduite en français par Van Maus, 1813. — *Chimie agricole*, traduite par Bulos, 1819. — *Salmonia, Traité de la pêche à la ligne*, 1828. Des mémoires dans les *Transactions philosophiques* et le *Journal de Nicholson*.

Sir Humphry Davy est, sans contredit, le plus grand chimiste de l'Angleterre, dont le génie, disait Cuvier, dans son éloge historique, a plané comme un aigle sur la vaste étendue de la physique et de la chimie, et dont la gloire n'a d'égale que celle de notre immortel Lavoisier.

MÉDAILLON DE ANTOINE JUSSIEU

La famille de Jussieu, qu'on a appelée la dynastie des Jussieu, et dans laquelle le génie de la botanique semble être héréditaire, est originaire du petit bourg de Montrotier, situé au milieu des montagnes du Lyonnais. Les de Jussieu étaient, de père en fils, depuis des siècles, notaires au hameau de Montrotier. Vers 1680, un des membres de cette famille, nommé Laurent, alla s'établir à Lyon, comme maître en pharmacie. Il s'y maria et fut père de seize enfants. Trois de ces enfants, Antoine, Bernard et Joseph, ont été trois des botanistes les plus célèbres du dix-huitième siècle, et ont eu pour neveu Antoine-Laurent de Jussieu, le continuateur de Bernard de Jussieu, l'auteur de la célèbre méthode naturelle.

Antoine de Jussieu, par qui commence la célébrité du nom, et dont les traits sont reproduits dans le médaillon n° 33, naquit à Lyon en 1686, et mourut en 1758. Botaniste dès son enfance, à quatorze ans, il avait déjà parcouru, en herborisant, les environs de Lyon, la Bresse, le Forez et même une partie du Dauphiné. Ayant besoin d'un ouvrage de botanique pour classer les plantes qu'il avait recueillies dans ses herborisations, il s'adressa à un médecin de Lyon, qui lui prêta les éléments de botanique de Tournefort. Après la lecture de ce livre, de Jussieu déclara à son père son goût décidé pour l'étude de la nature, et obtint la permission d'aller étudier la médecine à l'École de Montpellier. Il devint bientôt docteur de cette Faculté, et s'y livra, pendant quelques années, à la pratique de la médecine.

Il partit pour Paris en 1708, avec l'intention de suivre les cours de Tournefort. Mais Tournefort ne professait plus et mourut cette année même. Isnard, qu'on avait fait monter dans la chaire vacante, n'y fit que quelques leçons, et se retira. C'est alors que Fagon, surintendant du jardin du roi, ayant appris la renommée qu'Antoine de Jussieu avait laissée à Montpellier, le nomma professeur de botanique au jardin du roi, en remplacement de Tournefort (1709). Il entra à l'Académie des sciences en 1711 et enrichit les recueils de cette Compagnie d'un grand nombre de mémoires de botanique sur les champignons, le café, le simarouba, le cierge du Pérou, le cachou, les restes fossiles. Le plus important de ces mémoires a pour titre : *Examen des causes des impressions des plantes marquées sur certaines pierres des environs de Saint-Chaumont dans le Lyonnais.*

C'est Antoine de Jussieu qui parvint à acclimater et à introduire dans l'île de la Martinique le caféier, qui n'était alors cultivé qu'en Arabie et dans quelques autres parties de l'Orient. Antoine de Jussieu, pensant que cette plante prospérerait parfaitement dans nos colonies d'Amérique, remit en 1720 à un enseigne de vaisseau, le chevalier Desclieux, trois pieds de caféier choisis dans les jardins du roi, en lui confiant le soin de les planter à son arrivée dans notre colonie. La traversée du navire fut si longue qu'on fut obligé de ménager l'eau et de mettre à la demi-ration équipage et officiers. Desclieux, comme s'il avait deviné d'avance les immenses résultats de la mission qui lui avait été confiée, aima mieux, pendant tout le voyage, se priver d'eau que d'en laisser manquer ses plantes. Malgré son dévouement, il eut le chagrin de voir périr en route deux de ses caféiers, et arriva avec un seul pied, à la Martinique. C'est de ce seul échantillon que sont sorties les plantations qui couvrent aujourd'hui les Antilles et les contrées chaudes du Nouveau Monde.

Antoine de Jussieu, obligé de se livrer à la pratique de la médecine, dans laquelle il excellait, ne tint pas pour la botanique tout ce que semblait promettre son génie facile et si précoce. Mais, en appelant auprès de lui ses deux frères, Joseph, et surtout Bernard, il fit plus pour cette science, qu'il n'aurait probablement pu faire, en s'y livrant tout entier.

Il a publié les ouvrages suivants : *Appendice des institutiones rei herbariæ de Tournefort* (Lyon, 1719). — *Discours sur les progrès de la botanique*, 1718. — *Rédaction du livre de Barrelier sur les plantes de France, d'Espagne et d'Italie*, 1714 (in-f°.). — On publia après sa mort, arrivée le 22 avril 1758, *un traité de la vertu des plantes*, 1772.

MÉDAILLON DE FOURCROY

Fourcroy (Antoine-François de), célèbre chimiste, comte de l'empire, conseiller d'État, commandeur de la Légion d'honneur, membre de l'Institut et de la plupart des Académies et sociétés savantes de l'Europe, professeur de chimie au Muséum, à l'École polytechnique, créateur des écoles supérieures de pharmacie, né à Paris en 1755, mort en 1809, était le fils de Jean Michel de Fourcroy, qui exerçait à Paris l'état de pharmacien, mais seulement en vertu d'une charge qu'il avait dans la maison d'Orléans. La corporation des pharmaciens ayant demandé la suppression de ces sortes de charges, cet événement ruina M. de Fourcroy père.

Après avoir passé quelques années au collège, qu'il quitta à l'âge de quatorze ans, par suite des mauvais traitements qu'on lui avait fait subir, Antoine de Fourcroy fut obligé, pour vivre, de faire le métier de copiste et de montrer à écrire à des enfants. Il eut à ce moment l'idée de se faire comédien ; mais, sur les conseils de Vicq d'Azyr, ami de son père, il abandonna ce projet et se livra à l'étude de la médecine. Reçu docteur le 28 septembre 1780, il se présenta ensuite au titre de docteur-régent ; mais il ne put obtenir cette

place à cause de l'animosité que la Faculté de médecine avait conçue contre son protecteur Vicq-d'Azyr,
parce qu'il était secrétaire de la Société royale de
médecine qu'elle regardait comme une Compagnie ri-
vale. — Fourcroy ayant subi un échec immérité, ja-
loux d'acquérir de la réputation, se livra à l'étude et
publia quelques écrits sur l'anatomie, l'histoire naturelle, et surtout sur la chimie, science à laquelle il
donna sa préférence, entraîné dans cette voie par le
talent de Buquet dont il devint bientôt l'élève favori, et
qui le chargea souvent de le remplacer dans ses cours.

L'éloquence que Fourcroy déploya dans ses leçons, lui procura rapidement une réputation considérable, et elle devint telle, qu'à la mort de Macquer
(1784), Buffon le nomma à la chaire de chimie au Jardin
du roi, où il professa pendant vingt-cinq ans, avec un
talent incomparable et un succès toujours croissant.
En 1785, il fut admis à l'Académie des sciences, et
jusqu'à la révolution, il se borna à l'étude de la chimie
et à la pratique de la médecine. Nommé, en 1792, dé-
puté-suppléant à la Convention, en remplacement de
Marat, il devint l'un des membres les plus actifs du
comité de l'instruction publique. C'est alors qu'il
s'occupa de l'agrandissement du jardin des plantes et
de la formation d'une commission pour sauver de la
destruction une foule de chefs-d'œuvre. Il protégea,
pendant la Terreur, Desault, Chaptal, Darcet, mais ne
put rien, malgré ses efforts, pour l'illustre Lavoisier.

Membre du Comité de salut public, après le 9 ther-
midor, il organisa l'École polytechnique, et donna la
première idée de l'École normale. Il fit ensuite partie
du conseil des Anciens jusqu'en 1797 ; et après le 18 brumaire, il fut appelé au conseil d'État, puis à la direction générale de l'instruction publique. C'est par ses

soins que furent érigées les écoles centrales de médecine et de pharmacie de Paris, de Montpellier et de
Strasbourg, douze écoles de droit et plus de trois cents
lycées ou collèges. Chargé de préparer les décrets sur
l'établissement de l'Université, il eut le chagrin de se
voir privé de la direction de ce grand corps, et il eut
en outre la douleur de ne pas être compris dans la
distribution des dotations données à presque tous les
conseillers d'État.

La certitude de sa disgrâce, les amertumes de sa
vie, provoquées par l'odieuse imputation dirigée
contre lui, à propos de la mort de Lavoisier qu'il n'a-
vait pu sauver, malgré des efforts héroïques, achevèrent ce que la fatigue de ses travaux avait commencé, et il mourut, à l'âge de 54 ans, au moment où
l'empereur le nommait directeur général des mines.

Fourcroy occupe après Lavoisier, dont il fut l'émule
et le plus digne successeur, une des premières places
dans l'histoire de la chimie moderne, non seulement
par ses nombreux travaux et ses magnifiques ouvrages,
mais encore par l'éclat de son brillant enseignement,
qui a contribué à répandre en France et dans toutes
les parties du monde le goût de l'étude de cette belle
science.

Il a laissé une œuvre scientifique dont les traces ne
s'effaceront jamais : tels sont ses travaux sur la recomposition de l'eau, en faisant combiner directe-
ment l'oxygène et l'hydrogène ; sur plusieurs composés qui détonnent par la simple percussion ; sur les
analyses des minéraux et des eaux minérales ; sur
celles des quinquinas, des céréales, des légumineu-
ses, de l'ergot de seigle ; sur les substances animales,
les larmes, le lait, la bile, le sang, les os, les calculs
urinaires, etc.

Toutes ces admirables recherches d'un génie qui honore la science et l'humanité sont consignées dans les *Recueils de l'Académie des sciences*, dans les *Mémoires de l'Institut*, dans les *Annales du Muséum d'histoire naturelle*, dans le *Journal de l'École polytechnique*, et dans les ouvrages suivants : *Leçons d'histoire naturelle et de chimie*, publiées d'abord en 2, en 4, et enfin en 5 volumes, 1781, 1789, 1791 ; refondues, par suite de l'extension de l'ouvrage en 6 vol. in-4° ou 11 vol. in-8°, 1811, sous ce titre : *Système des connaissances chimiques et de leur application aux phénomènes de la nature et de l'art.* — *Essai sur les maladies des artisans*, traduction du latin de Ramazzini, avec notes et additions, 1777, in-12. — *Collection de mémoires de chimie.* 1784. — *L'art de connaître et d'employer les médicaments*, 1785, 2 vol. in-8°. — *Entomologia Parisiensis*, 1785, 2 vol., ouvrage dans lequel il a ajouté plus de 300 espèces d'insectes à celles que Geoffroy avait décrites. — *Philosophie chimique*, 1792, 1796, 1806, ouvrage traduit dans presque toutes les langues. — *Analyse de l'eau sulfureuse d'Enghien*, 1798. — *Essai sur le phlogistique et les acides*, 1788, in-8°. — *La médecine éclairée par les sciences physiques*, 1791, 4 vol. in-8°. — *Procédés pour extraire la soude du sel marin*, 1795, in-4°. — *Tableaux synoptiques de chimie*, 1800, 1805, in-f°. Enfin, il a concouru avec Lavoisier, Berthollet et Guyton de Morveau, à la *Méthode de nomenclature chimique*, 1787, in-8°.

MÉDAILLON DE HOUEL

Houel (Nicolas), savant et vénérable apothicaire de Paris, né en 1520, mort en 1584, acquit une fortune honorable, et l'appliqua tout entière à des fondations charitables et scientifiques. Sous le nom de *Maison de la charité chrétienne*, devenue depuis l'École spéciale de pharmacie de Paris, il créa, avec la protection de Henri III, de la reine Louise de Lorraine et du Parlement, « *une école de jeunes orphelins, nés de loyal mariage, pour y être instruits tant à servir et à honorer Dieu, que ès bonnes lettres, et aussi pour apprendre l'art d'apothicairerie* ». Dans la maison, et par le ministère de ces orphelins, étaient fournis gratuitement « *toutes sortes de médecines et remèdes convenables aux pauvres honteux de Paris, sans que ceux-ci soient forcés de sortir pour aller à l'Hôtel-Dieu* ». L'établissement comprenait alors : 1° une chapelle ; 2° l'école des jeunes orphelins ; 3° une pharmacie complète ; 4° un enclos, nommé *Jardin des simples* ; 5° un hôpital contigu à la maison de charité.

Nicolas Houel mourut en 1587. Neuf ans après sa mort, Henri IV changea la destination de l'établissement et l'affecta aux militaires de tous grades blessés à son service ; ce fut là le premier germe de l'hôtel des Invalides. Les Invalides furent transférés, par ordre de Louis XIII, au château de Bicêtre. La *Maison de la charité chrétienne*, devenue alors vacante, fut occupée par diverses communautés de filles, et la propriété en fut donnée à l'ordre de Saint-Lazare avec celle des biens des hôpitaux abandonnés. Mais elle ne demeura pas longtemps en la possession de l'ordre de Saint-Lazare ; elle passa aux mains de l'évêque de Paris, qui la céda à l'Hôtel-Dieu. Enfin, deux arrêts du Parlement, l'un du 16 septembre 1624, l'autre de l'an 1625, adjugèrent le terrain à la corporation des apothicaires, à la condition d'y reprendre et d'y continuer la fondation de Nicolas Houel. Cette corporation augmenta bientôt le terrain primitif de deux grands jardins achetés à ses frais, rue de l'Arbalète. En 1629, elle fit construire une grande maison, qui forme encore aujourd'hui le principal corps de l'École de pharmacie. Cet établissement portait le nom de *Jardin des apothicaires*. Il fut converti en *Collège de pharmacie*, par la déclaration du roi du 25 avril 1777, et en *École gratuite de pharmacie*, par l'arrêté du Directoire exécutif, en date du 3 floréal an IV. Enfin, la loi du 21 germinal an XI ayant établi en France trois écoles de pharmacie, celle de Paris, qui n'était que la continuation de l'école gratuite, entra en possession du local et des bâtiments de la rue de l'Arbalète. Cette possession lui fut confirmée par l'arrêté du gouvernement du 3 frimaire an XIII.

Ainsi, dans la pensée qui a présidé à la fondation de la *Maison de la charité chrétienne*, on retrouve le germe de quatre institutions magnifiques qui doivent assurer à la mémoire de Nicolas Houel la reconnaissance de la science et de l'humanité : 1° celle des *Dispensaires*, qui épargnent aux pauvres le chagrin de quitter leur domicile, de renoncer aux soins de la famille, lorsque l'âge et les maladies les forcent de recourir aux secours publics ; 2° l'idée d'un asile ouvert aux voyageurs souffrants, qui fécondée par Henri IV, donna naissance à la fondation des *Invalides ;* 3° le *Jardin des simples* inspira, soixante ans plus tard, la création du *Jardin des plantes médicinales*, aujourd'hui le Muséum d'histoire naturelle , provoquée , en 1626 , par Hérouard et Guy de la Brosse, médecins de Louis XIII ; 4° enfin c'est à la même pensée que remontent le *premier enseignement public et régulier de la pharmacie en France*, et la *fondation de l'École spéciale pour l'étude de cette profession* (A. Cap., *Études biographiques pour servir à l'histoire des sciences*, 1ʳᵉ série).

Nicolas Houel a laissé quelques écrits, qui prouvent qu'il était un des hommes les plus instruits de son temps : *Traité de la peste*, 1573. *Traité de la thériaque et du mithridate*, 1573. Un petit volume intitulé : *Advertissement et déclaration de la Maison de la charité chrétienne, établie ès faubourg Saint-Marcel, par l'autorité du roi et du parlement*. Houel s'occupa aussi de littérature, et composa l'histoire de la *royne Arthémise*, roman poétique et allégorique, relatif aux affaires du temps. Il est suivi d'un opuscule, intitulé : *Petit discours de l'excellence de la plate peinture*. Enfin, il écrivit une *Histoire des Français*, et un *abrégé* de cette histoire.

MÉDAILLON DE SWAMMERDAM

Swammerdam (Jean), célèbre anatomiste hollandais, né à Amsterdam, en 1637, où son père était pharmacien, mort en 1680, prit le doctorat en médecine à Leyde, en 1657, après être venu en France, pour se perfectionner dans l'art des dissections. Il revint bientôt dans sa ville natale, et ne se sentant aucune inclination pour la pratique de la médecine, il s'appliqua à l'anatomie de l'homme et à celle des insectes. Il découvrit la méthode de rendre plus visibles et plus faciles à disséquer les vaisseaux artériels et veineux, en injectant de la cire vierge liquéfiée par la chaleur et diversement colorée. Une fièvre quarte ayant interrompu ses travaux anatomiques, il changea de goût, et abandonna complètement l'étude de la structure de l'homme, pour se consacrer tout entier à celle des insectes. Il fit de nombreuses et importantes découvertes dans cette intéressante branche de la zoologie, et parvint à se former un très riche cabinet d'histoire naturelle, qui fut vendu après sa mort, par ses héritiers.

Ses facultés intellectuelles s'étant troublées, par suite d'un excès de travail, il adopta le système de dévotion mystique de la visionnaire Bourignon Antoinette, et, croyant offenser la divinité par ses études anatomiques, il jeta le scalpel et courut joindre, dans le Holstein, la fanatique qui l'avait subjugué. Il revint néanmoins, quelque temps après, à Amsterdam, et y vécut dans la retraite, en proie à des accès de folie mélancolique, pendant lesquels il brûla une partie de ses ouvrages.

Ceux qui nous restent sont les suivants : *Tractatus physico-anatomico-medicus de respiratione, usque pulmonum*. Leyde, 1667, 1678, in-8. — *Miraculum naturæ, seu uteri muliebris fabrica, notis in Van Horne prodromum illustratum*, Leyde, 1672, 1679, 1717, 1729, in-4°. — *Histoire générale des insectes*, en hollandais. Utrecht, 1669, in-4°, traduite en français, 1682, in-4°. — *Histoire de l'Éphémère*, en hollandais, Amsterdam, 1675, in-8°, traduit en latin, Londres, 1681, in-4°. — *Biblia naturæ, seu historia insectorum in certas classes reducta, nec non exemplis et anatomico variorum animalculorum examine æneisque tabulis illustrata*. Leyde, 1737-1738, 2 vol. in-f°. Cet ouvrage, publié en hollandais par les soins de Boerrhave, et traduit en latin par Gaubius, renferme une foule de faits extrêmement curieux sur l'anatomie des petits animaux que Swammerdam avait poussée très loin et qu'il avait étudiée avec le plus grand talent.

MÉDAILLON DE CLAUDE BERNARD

Bernard (Claude), physiologiste français, membre de l'Académie des sciences, de l'Académie française, de l'Académie de médecine, sénateur, d'abord professeur de physiologie générale à la faculté des sciences de Paris, ensuite professeur de médecine expérimensale au Collège de France, enfin professeur de phytiologie au Muséum d'histoire naturelle, commandeur de la Légion d'honneur, président de la Société de biologie, né le 12 juillet 1813, dans le petit village de Saint-Jullien, près Villefranche-sur-Saône (Rhône), mort à Paris le 10 février 1878.

Les débuts de Claude Bernard ont été difficiles, comme ceux de la plupart des hommes qui se sont distingués dans les sciences. Après un très court stage dans une pauvre pharmacie du faubourg de Vaise, à Lyon, il vint à Paris avec une tragédie, qui ne fut jamais ni imprimée, ni représentée, et détourné de la carrière littéraire par Saint-Marc Girardin, il commença ses études médicales.

Reçu, en 1839, interne des hôpitaux, il devint, deux années plus tard, préparateur de Magendie au Collège de France. En 1843, il soutint sa thèse pour le doctorat en médecine, et en 1853, celle pour le doc-

torat ès sciences. Il fut appelé, en février 1854, à la
chaire de physiologie générale qui venait d'être créée
à la faculté des sciences de Paris. La même année, il
fut élu membre de l'Académie des sciences, en remplacement de Roux, et l'année suivante, professeur de
physiologie expérimentale au Collège de France. Au
mois de décembre 1868, il passa au Muséum, comme
professeur de physiologie générale.

Les premières recherches de Claude Bernard ont
eu pour objet le rôle que jouent dans la digestion les
diverses sécrétions du canal alimentaire. Dans un
mémoire inséré en 1844 dans la *Gazette médicale*, il
a fait connaître le mécanisme de la sécrétion du suc
gastrique, et les modifications que les substances alimentaires éprouvent de la part de ce liquide. D'autres travaux sur la salive, sur le suc intestinal, et sur
l'influence qu'exercent les différentes paires de nerfs
sur les organes de la digestion, de la respiration et de
la circulation, ont été publiés par lui, dans les *Comptes
rendus de la Société de biologie*.

Mais sa réputation date de ses recherches sur les
usages du pancréas, insérées dans les *Comptes rendus
de l'Académie des sciences* (1846). Ce mémoire, où il
démontrait que le pancréas est le véritable agent de
la digestion des corps gras, lui valut le grand prix de
physiologie expérimentale qui lui fut décerné en 1849.

La même année, il fit connaître ses premières découvertes sur les fonctions glycogéniques du foie ; il
établit, par de nombreuses expériences, que le sang
qui pénètre dans le foie ne renferme point de sucre,
tandis que celui qui sort de cet organe et qui se rend
au cœur en est abondamment chargé ; il montra l'influence du système nerveux sur cette fonction, et pro-
duisit de véritables cas de diabète artificiel. Après

bien des contradictions et des luttes plus opiniâtres en France qu'à l'étranger, ses idées triomphèrent. Il obtint encore, en 1851, le grand prix de physiologie expérimentale.

En 1852, Cl. Bernard présenta à l'Institut ses recherches expérimentales sur le grand sympathique et sur l'influence que la section de ce nerf exerce sur la chaleur animale, qui lui valurent, pour la troisième fois, le prix de physiologie expérimentale en 1853.

Membre de l'Institut (Académie des sciences) depuis 1854, Claude Bernard fut élu, en 1861, membre de l'Académie de médecine (section d'anatomie et de physiologie). A la mort de Rayer, en 1867, il devint président de la Société de biologie, et fut promu commandeur de la Légion d'honneur le 14 août 1867.

Au mois de mai 1868, il fut appelé au sein de l'Académie française en remplacement de Flourens, et prononça le jour de sa réception (27 mai 1869) un discours très remarquable où il exposa les rapports de subordination entre les doctrines philosophiques et la science expérimentale. Un décret impérial du 6 du même mois avait fait entrer Cl. Bernard au Sénat.

En dehors des notes et des mémoires disséminés dans plusieurs recueils scientifiques, tels que les *Comptes rendus de l'Académie des sciences* et *de la Société de biologie*, les *Archives générales de médecine*, la *Revue des deux mondes*, etc., etc.; Claude Bernard a publié un grand nombre d'ouvrages :

1849. *Thèse pour le doctorat ès sciences, contenant le développement de sa découverte sur la fonction glycogénique du foie.*

1855-1856. *Leçons de physiologie expérimentale appliquée à la médecine.*

1857. *Leçons sur les effets des substances toxiques et médicamenteuses.*

1858. *Leçons sur la physiologie et la pathologie du système nerveux.*

1859. *Leçons sur les propriétés physiologiques et les altérations pathologiques des liquides de l'organisme.*

1860. *Leçons et expériences physiologiques sur la nutrition et le développement.*

1865. *Introduction à l'étude de la médecine expérimentale.*

1869. *Rapport sur les progrès de la physiologie dans notre siècle,* adressé au Ministre.

1871. *Leçons de pathologie expérimentale.*

1875. *Leçons sur les anesthésiques et sur l'asphyxie.*

1876. *Leçons de physiologie générale.*

1876. *Leçons sur la chaleur animale, sur les effets de la chaleur et de la fièvre.*

1877. *Leçons sur le diabète.*

1878. *La science expérimentale.*

La mort de Claude Bernard, la plus grande personnalité, la plus pure gloire médicale de notre époque, a laissé dans le monde savant un vide immense. Elle était connue à peine depuis quelques heures, que déjà la presse tout entière se faisait l'écho des regrets universels, et que le ministre de l'instruction publique venait demander à nos assemblées, qui se sont associées unanimement à cette noble initiative du gouvernement, les fonds nécessaires pour faire à cet homme illustre des funérailles dignes de lui. C'est qu'en effet, comme l'a dit si éloquemment M. Dumas : « Claude Bernard s'était placé, par son rare génie et par ses brillantes découvertes, à cette hauteur où l'on cesse d'appartenir exclusivement à une compagnie et même à une nation pour prendre rang dans le concert de la science universelle ; vivant, sa gloire avait franchi l'espace, elle était acclamée dans le monde entier ; mort, elle bravera le temps et les outrages. » « La France, ajoutait notre grand chimiste, perd en Claude Bernard un de ses fils les plus illustres, la science un de ses représentants les plus respectés, nous tous, un confrère aimé dont le commerce plein de charme et de cœur, après lui avoir acquis l'universelle sympathie, assure à sa mémoire un éternel regret. »

MÉDAILLON DE DUMAS

Il est peu d'hommes, même parmi les plus illustres, qui aient joui et qui jouissent d'une renommée égale à celle du grand savant dont nous allons esquisser la biographie.

M. Dumas, qui entre vivant dans l'immortalité, est un de ces hommes privilégiés pour qui les années semblent ne compter que par les services qu'ils ont rendus et par les titres qu'ils ont acquis à la reconnaissance publique. La vieillesse pour eux n'est pas l'affaiblissement; c'est la majesté de l'âge. Son nom glorieux, qui figure avec tant d'éclat parmi ceux des grands maîtres dont nous venons de retracer l'histoire, rappellera à la jeune génération de notre école le savant, l'écrivain, l'orateur, l'homme d'État, qui fut en même temps que le plus grand chimiste de son siècle le défenseur éloquent et constamment fidèle d'une profession qu'il a toujours aimée, et qu'il a si noblement vengée des attaques dirigées contre elle, lorsqu'il disait : « Ne laissons pas dégénérer la pharmacie que l'Académie a si souvent associée à ses travaux; elle opposa, pendant de longs siècles, les leçons des choses à l'esprit de système; elle dissipa les rêves de l'alchimie; elle prépara de loin la transformation de la chimie moderne, en fonda et perpétua l'enseignement, en créa les méthodes expérimentales et les premiers appareils, et eut, en attendant la venue de Scheele, Vauquelin, Davy, Pelletier, Robiquet, l'insigne honneur de donner à Lavoisier ses premières leçons. »

M. Dumas (Jean-Baptiste) est né le 14 juillet 1800 à Alais (Gard). Après avoir terminé ses études classiques, il apprit la pharmacie dans sa ville natale, et se rendit à Genève en 1814, pour y perfectionner son instruction. Admis comme élève dans une pharmacie, il se livra avec ardeur à l'étude de la botanique, de la chimie et de la médecine, et acquit rapidement des connaissances étendues qui le firent remarquer des savants de Candolle et Benedict Prévost.

D'abord élève, puis collaborateur de ce dernier, il publia de concert avec lui diverses observations sur la fibre musculaire, des recherches sur l'ovule des mammifères, des expériences sur le sang, encore classiques aujourd'hui, qui achevèrent de rendre célèbres dans le monde savant les noms alors inséparables de Prévost et de Dumas.

Genève était désormais un théâtre trop restreint pour l'activité de M. Dumas. En 1821, il prit le parti de se fixer à Paris, où l'avait depuis longtemps devancé sa réputation, et fut nommé, deux ans après, répétiteur de chimie à l'École polytechnique. Ce fut vers cette époque qu'il épousa la fille du grand naturaliste Brongniart (Alexandre), membre de l'Institut, ingénieur des mines, directeur de la manufacture de Sèvres et collaborateur de Cuvier.

M. Dumas se voua dès lors entièrement à la chimie, et fut bientôt en position d'entreprendre et de publier les travaux remarquables qui lui ont valu les hautes situations qu'il a successivement occupées avec tant

de gloire, dans l'enseignement, la science, les lettres
et le monde politique.

Écrivain habile, professeur éloquent, membre de
l'Académie des sciences depuis 1832, M. Dumas en
fut élu secrétaire perpétuel en 1868, en remplacement
de Flourens. Membre de l'Académie de médecine depuis 1843, il reçut en 1869 de la Société de chimie de
Londres la grande médaille de Faraday, et fut admis
à l'Académie française le 17 décembre 1875, en remplacement de Guizot, prit séance le 1er juin 1876, et
prononça à cette occasion un discours qui est un véritable chef-d'œuvre de littérature.

Jusqu'en 1849, le savant n'avait pas encore paru sur
la scène politique, mais il avait été appelé dans les
commissions de la Chambre des députés chargées de
préparer les projets de loi sur la refonte des monnaies
de billon, les papiers timbrés, la falsification des
actes publics, l'impôt sur le sel, celui du sucre, etc.
Envoyé à l'Assemblée législative par le département
du Nord, il y défendit surtout l'industrie du sucre indigène, et fut Ministre de l'agriculture et du commerce du 31 octobre 1850 au 9 janvier 1851. Successivement membre de la commission consultative,
membre du Sénat, vice-président du Conseil supérieur
de l'instruction publique, du conseil de perfectionnement de l'enseignement secondaire spécial, président du Conseil municipal de Paris, président de
la commission du Codex (1866), grand'croix de la
Légion d'honneur (1863), président de la commission
de contrôle de la circulation monétaire, il vient d'être
nommé délégué du gouvernement français au Congrès
monétaire international.

Nous n'essayerons pas de passer en revue tous les
travaux de cet illustre savant, qui ont exercé une in-

fluence décisive sur la théorie de la science et sur le système actuel des connaissances chimiques. Déveoppement indépendant de la chimie organique et réforme de la chimie minérale, telle est l'ère qui commence avec M. Dumas, dit M. Würtz dans son *Histoire des doctrines chimiques*. Nous citerons parmi ses nombreux travaux, ses études sur les densités des vapeurs qui ont fourni à la physique une nouvelle méthode, et à la chimie de riches matériaux pour la discussion de l'hypothèse d'Avogadro et d'Ampère ; ses expériences sur la détermination des équivalents, entreprises dans le but de vérifier cette idée émise par Prout que les équivalents des corps simples sont multiples de ceux de l'hydrogène ; sa classification des métalloïdes en quatre familles naturelles, ses recherches sur les alcaloïdes, les amides, les éthers composés, l'esprit de bois et ses combinaisons, les huiles éthérées, l'indigo, l'acide nitrique, etc., etc. ; et enfin ses belles découvertes datant de 1834 et qui font époque dans la science. Il étudiait alors l'action du chlore sur les diverses matières organiques. Ce sujet était presque neuf, car on ne possédait encore sur la matière qu'une observation de Gay-Lussac. En étudiant l'action du chlore sur la cire, ce grand chimiste avait remarqué qu'elle perd de l'hydrogène et gagne, pour chaque volume de ce gaz qui est enlevé, un volume de chlore. M. Dumas fit une observation analogue concernant l'action du chlore sur l'essence de térébenthine, sur la liqueur des Hollandais et plus tard sur l'alcool. Il lut à ce sujet, à l'Académie des sciences, le 13 janvier 1834, un mémoire dans lequel il s'exprimait ainsi : « *Le chlore possède le pouvoir singulier de s'emparer de l'hydrogène de certains corps et de le remplacer atome par atome.* »

Cette observation remarquable renfermait le germe de la *théorie des substitutions*, qui devait exercer sur les doctrines chimiques une influence si considérable.

Accueillie avec dédain par Berzélius, la théorie des substitutions fut vivement soutenue par M. Dumas qui, dans une discussion mémorable, où il osait attaquer dans ses idées les plus chères le grand promoteur du dualisme et de la théorie électro-chimique, supporta victorieusement le poids d'une lutte qui semblait désespérée, et parvint à faire triompher une théorie qui, suivant l'expression du grand Liebig, donnait la clef d'un grand nombre de phénomènes en chimie organique. C'est cette théorie qui, plus tard élargie et développée par les idées émises par M. Dumas lui-même, concernant la substitution de groupes d'atomes, de radicaux composés à des corps simples, tels que l'hydrogène, donna naissance *à la théorie des types chimiques*, qui fut encore proposée par M. Dumas, après a découverte qu'il fit en 1839 de l'acide chloracétique.

Tous ces travaux ont été insérés dans divers recueils scientifiques, *Mémoires de l'Académie des sciences*, *Annales de physique et de chimie*, et dans les ouvrages suivants publiés par M. Dumas : *Traité de chimie appliquée aux arts*, 6 vol. in-8° avec pl. (1828-1843). — *Leçons sur la philosophie chimique* (Paris, 1837). — *Essai sur la statistique chimique des êtres organisés*, 1841 ; 3° édition, 1844. — *Enquête sur les engrais*, 1867, in-18, etc., etc.

En plaçant le buste de M. Dumas à côté de ceux des hommes qui ont fait l'honneur et la gloire de notre profession, l'École supérieure de pharmacie de Paris a rendu au plus grand chimiste de notre époque un hommage auquel tous les amis des sciences s'empresseront d'applaudir.

Les élèves de notre École associeront le nom de cette haute illustration à celui de tous les savants dont les traits ont été reproduits dans les médaillons que nous avons examinés, et fiers de ces maîtres célèbres, ils se montreront fidèles, dans l'intérêt de la patrie, à leurs nobles traditions de travail, de persévérance et de génie.

FIN

3072-81. — Corbeil. Imprimerie CRÉTÉ.